멘델 아저씨네 완두콩 텃밭

멘델 아저씨네 완두콩 텃밭

정재은 글 | 이주희 그림 | 장수철 도움글

주니어김영사

작가의 말

완두콩 텃밭에서 배우는 유전의 법칙!

'꽃다발'은 부스스한 곱슬머리 때문에 얻은 제 별명이에요. 어릴 적엔 제 머리카락이 참 싫었어요. 억울하기도 했지요. 저는 엄마 아빠의 곱슬머리를 물려받았는데 언니는 찰랑찰랑한 곧은 머리였거든요. 저는 종종 엄마에게 불평을 했어요. 그때마다 엄마는 말씀하셨죠.

"네 마음에 드는 것만 물려줄 수 있으면 나도 좋겠다."

맞아요. 부모는 자식에게 유전자를 반반씩 물려주지만 어떤 것을 물려줄 것인지는 정하지 못해요. 아무 거나 뒤죽박죽 뒤섞어서 주는 것 같지요. 하지만 유전은 일정한 법칙에 따라 이루어진답니다. 유전 법칙을 맨 처음 알아낸 사람이 바로 멘델이었어요.

멘델은 가난한 농부의 아들로 태어났어요. 공부할 형편이 못 되었지만 너무나 공부를 하고 싶어서 수도사가 되었어요. 멘델은 부모의 특징이 자손에게 어떻게 전해지는지 궁금했어요.

'부모에게 왜 어떤 특징은 물려받고, 어떤 특징은 물려받지 않을까?'

멘델은 여러 해 동안 완두콩을 키우고 분류하고 통계를 내며 끈질기게 연구했어요. 마침내 유전 법칙을 발견한 멘델은 다윈을 비롯한 여러 학자에게 논문을 보냈어요. 안타깝게도 당시에는 아무도 멘델의 연구에 주목하지 않았어요. 멘델이 죽은 지 35년 뒤에야 그의 업적이 세상에 알려졌고, 지금은 온 세계가 멘델을 '유전학의 아버지'라 부르며 그의 업적을 인정하고 있어요.

《멘델 아저씨네 완두콩 텃밭》에서는 외모에 대한 고민이 있는 친구들이 멘델 아저씨를 만나 유전 법칙을 이해하고, 유전자의 우성과 열성이 좋고 나쁨으로 결정되는 것이 아니라는 것을 알게 되지요. 여러분도 미달, 호연, 라인을 따라 멘델 아저씨를 만나러 가 볼까요? 책을 읽은 뒤에는 부모님과 자신을 더욱 사랑하게 될 거예요.

정재은

차례

작가의 말

완두콩 텃밭에서 배우는 유전의 법칙! 4

위대한 유산
- 유전이란 부모의 키나 생김새와 같은 특징이 자녀에게 전해지는 현상이다 • 8

저주받은 유전자
- 하나의 형질에 대해 서로 뚜렷하게 구별되는 특징을 대립 형질이라고 한다 • 28

복제 인간 하라인
- 사람마다 유전자가 다 다르다 • 46

완벽한 유전자
- 순종의 대립 형질끼리 교배시킬 때 우성만 나타난다 • 62

순종이라 슬픈 강아지
- 자손이 언제나 부모와 같은 형질을 나타내면 순종이다 • 82

멍멍이 구출 작전
- 열성 유전자는 사라지지 않는다 • 96

마음도 유전이 될까?
- 각각의 대립 형질은 독립적으로 유전된다 • 118

유전 법칙을 발견한 멘델은 어떤 사람일까? 138
독후활동지 152

위대한 유산

• 유전이란 부모의 키나 생김새와 같은 특징이 자녀에게 전해지는 현상이다 •

"오! 이게 바로 위대한 유산이야."

느닷없이 찾아온 낯선 변호사의 말이 끝나자마자 엄마는 환호성을 질렀다. 미달은 가만히 앉아서 눈만 깜빡거렸다. 엄마가 《위대한 유산》이라는 소설을 끝까지 읽었을까? 신비롭고도 수상한 분위기의 그 소설에서 주인공은 결국 유산을 받지 못했고 오히려 빚까지 지게 되었다.

"위 조건을 지키시면 1년 뒤, 공주옥 씨께서 남긴 집은 금장미 씨의 소유가 될 것입니다."

변호사는 미달이 한 번도 본 적 없는 이미 돌아가신 고모할머니가 엄마에게 큰 집을 물려줄 거라는 유언을 전하고 돌아갔다.

"사람이 죽으란 법은 없어. 그치? 아니다, 엄마의 운명은 원래 큰 집에서 공주처럼 사는 건가 봐. 내가 어딜 봐서 고생 같은 걸 할 얼굴로 보이니? 호호호."

엄마는 콧노래를 부르며 짐을 싸기 시작했다. 미달도 곧 집에서 나가야 한다는 사실은 알고 있었다. 엄마가 운명을 걸고 차린 카페가 폭삭 망해서 아파트 전세금을 포함한 전 재산이 홀랑 날아가 버렸기 때문이다. 하지만 아무리 급해도 어떻게 생겼는지도 모르는 집에, 수상한 조건까지 붙은 집에 무턱대고 들어갈 수는 없지 않은가!

미달은 엄마의 손목을 덥석 잡았다.

"엄마, 진짜 이사 갈 거야? 몇 년이나 비어 있던 낯선 집에?"

"낯설다니! 엄마가 어릴 때 잠깐 살았다니까. 네 외할아버지가

돌아가신 뒤에 갈 데가 없어서 반년쯤 얹혀살았어. 고모할머니가 좀 괴팍하긴 했는데 집은 굉장했어! 전망도 좋고 마당도 넓고 장미 정원에……. 참, 거실에 그 괘종시계가 아직도 있으려나? 매시간마다 댕, 댕 울리는 소리가 교회 종소리 같이 웅장했는데. 아직도 있다면 골동품으로 꽤 비싸게 팔릴걸? 안방에 있던 자개장롱도 굉장했어. 마당에 온실이랑 연못도 있고 분수도 있

었나? 너무 오래돼서 기억이 잘 안 나네. 가 보면 알겠지. 참, 우리 묵념했니? 고마우신 고모님, 천국 가시라고 묵념하자."

엄마는 두 손을 곱게 모으고 눈을 꼭 감았다. 미달은 어이가 없다는 듯 고개를 저었다.

"쳇, 친하게 지내지도 않았다면서. 엄마랑 성 씨도 다르다며?"

"그건 그래. 고모는 공 씨, 나는 금 씨, 너는 안 씨. 하하하. 그래도 우린 피를 나눈 혈육이야. 고모할머니랑 네 외할아버지는 남매였으니까. 아버지는 달랐지만. 근데 이상하게도 내가 고모할머니를 쏙 빼닮았어. 유전자가 한쪽으로 많이 쏠리기도 하나? 아유, 이제 와서 족보를 따져서 뭐해?"

엄마는 집이 생긴 게 너무 기뻐서 다른 생각은 하지 않았다. 하지만 미달은 선뜻 마음이 움직이지 않았다. 하늘에서 집이 뚝 떨어지는 일은 만화 영화에서나 나오는 일이니까!

"엄마, 좀 더 생각해 봐. 일단 그 집에 가 보고 결정하자. 동네가 이상하거나 다 무너져 가는 집이면 어떡해? 그 할머니, 몇 년이나 요양원에 살았다며……. 혹시 벽 속에 시체를 감춰 둔 거 아냐? 들킬까 봐 우리한테 거기 살라는 거 아니냐고."

"아유, 말도 안 되는 소리. 얼른 짐이나 싸. 우린 선택의 여지가 없어."

엄마는 딱 잘라 말했다. 미달은 불쑥 화가 났다.

"이렇게 만든 게 누군데? 엄마잖아. 옷 가게 망했을 때 그냥 취직하라니까 또 카페를 열어서 쫄딱 망했잖아. 난 전학가기 싫다고!"

엄마의 얼굴이 벌겋게 달아올랐다. 겉으로는 아무렇지도 않은 척했지만 엄마도 많이 속상하고 미안했다. 엄마의 예쁜 눈에 눈물이 글썽거렸다.

"전학은 안 시킬게. 이사 갈 집에서 별로 안 머니까 버스 타고 다녀."

미달은 그만 마음이 약해졌다.

"알았어. 이사해. 이사 가자고. 대신 용돈 올려 줘."

"알았어. 한 달에 만 원씩 더 줄게."

"안 돼. 이만 원."

엄마의 눈물에도 불구하고 미달은 용돈 협상에 냉정히 임했다.

"너무 많아. 1만 5000원."

"알았어. 그럼 위로금으로 3만 원을 따로 줘."

엄마는 기가 막힌다는 듯 미달을 쳐다보다가 지갑에서 만 원짜리 세 장을 내주었다.

"아유, 돈 귀신! 넌 누굴 닮아서 이렇게 돈을 좋아하니? 내 우아한 유전자에는 그런 거 없거든."

"그래서 돈을 모으는 거야. 엄마의 우아한 유전자를 하나도 못 물려받아서."

미달의 말끝이 뾰족해졌다. 자식은 부모를 닮는 게 보통인데 미달은 엄마 아빠랑 안 닮아도 너무 안 닮았다. 미달의 엄마는 키가 크고 눈도 크고 쌍꺼풀도 진하고 찰랑찰랑한 생머리다. 돌아가신 아빠도 키가 크고 쌍꺼풀이 진했다. 하지만 둘 사이에서 태어난 미달은 어떻게 된 게 키도 작고 눈도 작고 통통한 데다 머리카락은 수세미처럼 뻣뻣한 고수머리였다.

"어휴, 도대체 누군 왜 붕어빵처럼 부모를 닮고 누군 왜 하나도 안 닮는 거야? 내가 엄마 아빠를 닮았으면 쌍꺼풀 수술비를 모으려고 이렇게 고생할 필요가 없잖아?"

미달은 한숨을 푹푹 쉬면서 저금통에 돈을 채워 넣었다.

저녁놀이 질 무렵 바라본 고모할머니의 집은 매우 지나치게 고풍스러웠다. 2층 건물은 언제 무너져도 이상하지 않을 만큼 심하게 낡았고 건물 뒤로 펼쳐진 넓은 마당은 황량한 흙바닥이었다. 마당 건너 이웃집에서는 늑대 뺨치는 개 소리가 끊임없이 들렸다. 분위기만 보자면 당장 문을 열고 손님을 맞아도 손색이

없는 귀신의 집이었다.

엄마는 황폐한 마당을 서성이며 추억에 잠겼다.

"여기서 줄넘기도 하고 그랬는데! 저긴 온실이 있었어. 거기서 일 년 내내 완두콩을 길렀지. 고모는 일 년 내내 완두콩 밥만 먹었거든. 으, 그 뒤로 난 완두콩 안 먹어. 보기만 해도 소름끼쳐!"

"뭐? 근데 여기 들어오면 어떡해? 농사는 누가 지어?"

미달은 깜짝 놀랐다. 고모할머니는 이 집을 물려주는 조건으로 일 년 동안 완두콩을 기르라고 했다. 자신이 살았을 때처럼 일 년 내내. 여름에만 나는 완두콩을 일 년 내내 기르려면 온실이나 비닐하우스를 짓고 누군가 완두콩 농사에 매달려야 한다. 미달은 어린이니까 그럴 수 없고 당연히 엄마가 해야 하는데 엄마는 완두콩도 농사도 생각이 없어 보였다.

"내가 농사를 어떻게 짓니? 사람을 구해 보지, 뭐."

미달은 변호사가 갑자기 검사하러 나올까 봐 불안해서 못 살 것 같은데 엄마는 무사태평이었다.

엄마에게 '천하태평 긍정 유전자'를 못 물려받은 미달은 이사 온 날부터 내내 바빴다. 오늘은 아침 일찍 동네를 돌아다니며 전단지를 붙였다.

'우리 마당에서 완두콩 농사를 지을 분 구함. 땅은 공짜로 빌

려드림.'

미달은 혹시나 동네 노인 분들이 심심풀이로 텃밭 농사를 지을까 싶어서 전단지를 붙였지만 큰 기대는 하지 않았다. '아무도 안 나타나면 그땐 아무리 대책 없는 성격이라도 엄마가 알아서 하겠지…….'라고 터무니없는 생각을 했다.

전단지를 붙인 지 한 시간도 되지 않아 누군가 철컹철컹 철 대문을 두드렸다. 그 소리에 옆집 개들이 사납게 짖었다. 미달과 엄마가 놀라서 뛰어나가 보니 검은 옷을 입은 아저씨가 환하게 웃으며 전단지 뭉텅이를 흔들었다. 미달이 붙인 전단지를 모조리 뜯어 온 모양이었다.

"안녕하세요? 전 멘델이에요. 어쩜! 완두콩 농사를 지을 곳을 찾고 있었는데 딱 이걸 봤어요. 인연도 이런 인연이 없네요! 정말로 땅을 공짜로 빌려주시는 거죠? 물은요? 물은 충분하죠? 농사에선 물이 제일 중요하니까요. 아! 물값은 낼게요. 혹시 제가 지낼 곳도 있을까요? 오스트리아에서 방금 도착해서 아직 살 곳을 못 정했거든요. 집이 이렇게 넓으니 별채 같은 게 있겠지요? 옥탑이라도 좋아요. 지하 방은 좀 곤란한데……. 전 완두콩처럼 햇볕이 없으면 못 살거든요."

멘델 아저씨는 점잖은 외모와 달리 수다스러웠다. 미달과 엄마는 둘 다 과묵한 남자 스타일을 좋아해서 남자친구를 뽑는 심사였으면 분명 떨어뜨렸을 거다. 하지만 대신 농사지을 사람을 뽑는 것이어서 엄마는 대만족이었다. 엄마는 박수까지 치며 멘델 아저씨를 환영했다.

"그럼요. 땅도 공짜, 물도 공짜예요. 일 년 내내 완두콩만 푸르면 돼요. 변호사가 몰래 와서 확인한다고 했거든요. 살 데가 없으면 옥탑에 사셔도 돼요. 거기도 공짜예요. 우리도 공짜로 사는데요, 뭐……."

미달은 눈을 똥그랗게 뜨고 엄마를 쳐다보았다. 돈을 벌 수 있는 기회를 벌써 몇 번이나 놓치다니, 이러니까 망했지! 미달은 엄마가 집 안으로 들어가자 쪼르르 멘델 아저씨를 쫓아갔다.

"아저씨는 완두콩을 엄청 좋아하나 봐요. 이 집 주인이었던 고모할머니도 그랬대요."

"오! 그러냐? 완두콩이야말로 맛도 좋고 건강에도 좋은 최고의 음식이지. 내가 맛있게 농사지어서 많이 드린다고 해라. 어차피 난 먹으려고 키우는 건 아니거든."

"고모할머니는 이제 완두콩 못 드세요. 돌아가셨거든요."

"아이고, 미안하다. 미안하구나!"

멘델 아저씨가 너무나 미안해 하기에 미달은 고모할머니를 본

적도 없다는 말을 하지 못했다.

"근데 완두콩을 먹으려고 키우는 게 아니라는 건 무슨 뜻이에요? 팔 생각인가요?"

"아니. 사실 난 유전 법칙을 연구하고 있어. 완두콩은 유전 법칙 연구에 딱 좋은 식물이지."

"정말요? 아저씨는 유전 법칙에 대해 잘 아나 봐요? 그럼 제가 왜 엄마를 안 닮았는지 알아요? 엄마는 쌍꺼풀이 있는데 왜 저는 없을까요? 앞으로 생길 가능성은요? 엄만 날씬한데 난 왜 통통하죠? 엄만 생머린데 난 왜 라면 머리죠?"

미달이 눈을 반짝반짝 빛내며 묻자 멘델 아저씨도 진지하게 대답했다.

"유전이란 부모의 키나 생김새와 같은 특징이 자식에게 전해지는 현상이야. 우리 세포 속에 들어 있는 염색체 속의 DNA에 저장된 유전자에 따라 결정……."

"아니, 그런 어려운 설명 말고요. 그런 건 인터넷에서 찾아봤는데 읽어도 통 모르겠어요."

멘델 아저씨는 미달의 얼굴을 요리조리 쳐다보고 다시 말했다.

"우리는 부모의 유전자를 절반씩 물려받았지. 우리 부모는 그들의 부모의 유전자를 절반씩 물려받았고. 넌 아니라고 하지만 네 몸속에는 엄마랑 닮은 부분이 아주 많을 거야. 자식은 부모를 닮는다. 그건 변하지 않는 유전 법칙이니까. 게다가 네 눈은 초롱초롱하니 아주 예쁜데 뭐가 걱정이니?"

역시 촌스러운 검정 옷을 입은 아저씨는 사춘기 소녀의 마음을 이해하지 못했다. 미달은 고개를 절레절레 저으며 본론으로 들어갔다.

"네, 네, 그건 알겠어요. 근데 아저씨. 완두콩 농사를 혼자 할 수 있겠어요?"

"좀 힘들 것 같긴 해. 농사는 쉬운 일이 아니거든."

"그니까요! 제가 좀 도와드릴까요?"

미달의 나직하고 자신만만한 제안에 멘델 아저씨는 활짝 웃었다. 미달은 재빨리 덧붙였다.

"공짜로는 안 돼요. 우리가 벌써 공짜로 준 게 얼만데요!"

"그건 그렇지. 땅도, 물도, 거기다 집까지 공짜로 쓰게 되었으니……."

"학교 갔다 와서 오후에 도와드리고 하루에 2000원. 어때요?"

협상의 주도권을 잡은 미달은 크게 인심 쓰는 척하며 원하는 금액을 말했다. 사실은 멘델 아저씨가 깎을 것을 대비해서 조금 높게 불렀다.

"정말? 아이고, 고맙구나."

미달은 잠깐 당황했다. 하루에 2000원을 받고 한 달에 20일을 일하면 4만 원이다. 엄마 같으면 비싸다며 반으로 깎았을 텐데 멘델 아저씨는 흔쾌히 받아들인 것이다.

'뭐야, 그동안 엄마한테 너무 싸게 해 줬나?'

좋은 조건으로 계약을 해 놓고 미달은 찜찜한 기분이 들었다.

워우우우, 컹컹컹, 끙끙끙. 옆집 개들은 미달이 마당으로 나올 때마다 요란하게 짖고 울었다.

"옆집엔 도대체 개가 몇 마리나 있는 거야?"

미달은 옆집이 궁금했다. 미달은 밖으로 나가 높은 담장을 따라 옆집 대문 앞으로 갔다.

옆집도 지나치게 낡았고 사람이 살지 않는 집처럼 을씨년스러웠다. 철창살로 만들어진 대문을 파란 천막으로 가려 놓은 모양새가 수상쩍기까지 했다.

'사람들이 지나가면 개가 짖어서 그러나? 꼭대기 집이라 지나다니는 사람도 거의 없는데?'

갑자기 철컥 문이 열리며 검은 옷을 입은 아이가 튀어나왔다. 검은 아이가 밀치는 바람에 미달이 넘어졌는데 아이는 사과도 없이 사라졌다.

"아얏. 뭐야, 정말!"

투덜거리며 막 일어서는 미달을 옆집에서 나온 아줌마가 붙잡았다.

"너, 뭐야? 어디서 나왔어? 또 무슨 짓을 하려고?"

미달은 아줌마의 팔을 홱 뿌리쳤다.

"아줌마, 누구세요? 왜 이러세요?"

"그걸 몰라서 물어? 여기 왜 들어왔어? 너희 뭐, 동물 구조대 그런 거야? 우리 개들은 멀쩡해. 난 아무 잘못 없거든."

아줌마의 성난 목소리가 점점 높아졌다. 집 안의 개들이 워우우, 컹컹컹 무섭게 짖어 댔다. 미달은 당황해서 말을 더듬었다.

"네? 저, 저는 아줌마가 무슨 말을 하는지 하나도 모르겠어요."

시끄러운 소리를 듣고 멘델 아저씨가 뛰어왔다.

"무슨 일이십니까? 우리 애가 무슨 잘못이라도 했나요?"

"댁의 아이가 우리 집에 무단 침입을 했어요."

미달은 억울해서 목소리를 높였다.

"아니거든요! 아줌마, 전 그냥 지나가는 길이었어요. 정말이에요, 멘델 아저씨. 멍멍이 소리가 나기에 그냥 좀 본 것뿐이에요."

멘델 아저씨는 조금도 주저하지 않고 미달의 편을 들었다.

"아주머니, 우린 옆집에 새로 이사 온 사람들이에요. 우리 애는

오늘 처음 동네 구경을 나왔고요. 무슨 오해가 있으셨나 봐요."

"여, 옆집이요? 그 집은 몇 년 동안 비었던데 거길 왜……. 아무튼 그렇다면 미안하다, 얘."

미달은 아줌마가 별로 마음에 안 들었지만 궁금한 게 있어서 곧바로 사과를 받아들였다.

"괜찮아요. 오해하실 수도 있죠. 그런데 개를 엄청 많이 키우시나 봐요. 맨날 짖던데 안 시끄러우세요?"

"우린 여기 안 사니까 뭐……."

"엥? 안 살아요? 그럼 여기에 누가 살아요? 개만 살아요? 밥은 누가 줘요? 똥은요?"

미달이 눈을 똥그랗게 뜨고 물어 대자 아줌마는 얼굴이 빨개져서 대문 안으로 들어갔다. 미달은 아줌마의 팔을 덥석 잡고 매달렸다.

"저, 강아지 엄청 좋아하는데 구경 좀 하면 안 돼요? 네?"

"안 돼. 가!"

아줌마는 쌀쌀맞게 말하고는 대문을 쾅 닫았다. 멘델 아저씨가 어깨를 으쓱했다.

"여기 사람은 안 살면서 개만 놔 둔 거야."

"정말요? 사람은 없고 개만 있으면 동물 학대 아니에요? 어,

그런데 아저씨는 그걸 어떻게 알아요? 오스트리아에서 방금 왔다면서……."

"앗, 느낌이 그렇다는 거지. 하하, 하하!"

멘델 아저씨는 어색한 웃음을 날리며 집으로 도망쳐 버렸다.

미달의 호기심이 끓어올랐다. 옆집 아줌마에게서 수상한 냄새가 났다. 별안간 나타난 완두콩 아저씨도 뭐, 전혀 이상하지 않은 것은 아니다. 미달은 고개를 살살 저으며 돌아서다가 발밑에서 반짝이는 황금색 열쇠를 발견했다. 열쇠고리에 달린 다람쥐 인형을 보니 가방 같은 데 달고 다니다 떨어뜨린 것 같았다.

"아까 그 애가 떨어뜨렸나? 검은 옷을 입고 검은 가방을 맨 수상한 아이."

미달은 열쇠고리를 주워 가지고 집으로 돌아왔다. 위대한 유산 덕분에 흥미로운 일들이 펼쳐질 것 같았다.

저주받은 유전자

• 하나의 형질에 대해 서로 뚜렷하게 구별되는 특징을 대립 형질이라고 한다 •

공개 수업 날은 아침부터 학교가 술렁거린다. 저학년들은 학교에 오자마자 창문에 매달려 엄마를 기다린다. 고학년들은 관심이 없는 척하지만 틈틈이 창밖을 힐끔거린다. 엄마들이 한두 명씩 교실 옆 복도로 들어서자 호연도 몇 번씩 밖을 내다보았다. 아직까지 부모님의 모습은 보이지 않았다.

'그렇게 단단히 일렀으니까……'

호연은 얕은 한숨을 쉬었다. 미달은 눈꺼풀에 쌍꺼풀 테이프를 붙이다 말고 호연을 놀렸다.

"아이고! 우리 호연이, 엄마 기다려요? 안 올까 봐 걱정돼요?"

"아니거든!"

호연의 엄마는 회사 때문에 못 온다고 진즉 말했다. 문제는 아빠였다. 호연은 아빠가 학교에 올까 봐 걱정이었다. 호연은 덩치 크고 뚱뚱하고 대머리인 아빠가 창피했다. 자신이 뚱뚱한 것도 머리가 큰 것도 머리숱이 적은 것도 다 아빠 탓인 것 같아 원망스러웠다. 친구들이 아빠를 보고 자기까지 놀릴까 봐 두려웠다. 그래서 아빠에게 절대로 학교에 오지 말라고 신신당부를 해 두었다.

예쁘게 차려입은 엄마들이 교실 뒷자리를 꽉 채울 때까지 호연의 아빠는 나타나지 않았다. 기다리던 시작종이 울리자 키 큰 아줌마가 마지막으로 들어오며 교실 뒷문을 닫았다.

'세라 엄만가? 둘이 닮았네. 키도 크고 예쁘고 날씬하고……. 세라는 좋겠다. 엄마 예쁜 점만 골라 닮아서. 쳇, 나는 왜 부모의 나쁜 점만 골라 닮았을까?'

호연은 한숨을 폭 쉬었다.

"어머님, 아버님들 이제 다 오셨죠? 반갑습니다……."

선생님의 인사와 함께 공개 수업이 시작되었다.

호연이도 막 마음을 놓고 수업에 집중하려는데 갑자기 교실 뒷문이 우당탕거렸다.

"어, 이게 왜 안 열리나? 어이쿠! 이런."

누군가 뒷문을 세게 미는 바람에 문이 문틀에서 빠져 교실 안으로 쓰러졌다. 엄마들은 놀라서 꽥 소리를 지르면서도 민첩하게 문을 받아 냈다.

"아이고, 미안합니다. 이거, 문이 왜 빠졌지? 제가 좀 뚱뚱하긴 해도 힘이 그렇게 센 편은 아닌데요. 핫핫핫."

회색 곰만큼 거대한 호연의 아빠가 문과 함께 밀려 들어오며 너스레를 떨었다. 아이들은 책상을 치며 킬킬거렸다. 호연만 얼굴이 붉으락푸르락 달아올랐다.

"아이고, 문은 제가 고쳐 놓겠습니다. 죄송합니다, 선생님. 아이고! 얘들아, 방해해서 미안하다. 어서 공부하거라. 핫핫핫, 핫핫핫!"

호연 아빠는 민망함을 웃음으로 때우며 문을 도로 끼우려고 애썼다. 하지만 덜컹덜컹 소리만 요란할 뿐 제대로 끼우지는 못했다. 결국 호연 아빠는 복도에 문을 세워 놓고 땀범벅이 되어 돌아왔다. 호연 아빠의 번들거리는 대머리에는 축 늘어진 머리카락 몇 가닥이 초라하게 붙어 있었다. 호연은 아빠가 창피해서 견딜 수 없었다.

'오지 말라고 열 번도 넘게 말했는데 기어이 와서 웃음거리가

되다니! 아빠는 정말 구제불능이야.'

호연은 화가 나서 씩씩거리느라 공개 수업을 어떻게 했는지 기억도 나지 않았다. 자신과 눈을 맞추려고 애쓰던 아빠의 눈길을 피한 기억만 났다.

"호연아, 이호연! 이따 보자. 우리 아들. 사랑해!"

호연 아빠는 별로 덥지도 않은데 땀을 뻘뻘 흘리며 돌아갔다. 호연은 끝까지 아빠 쪽으로 눈길을 돌리지 않았다. 미달이가 호연을 툭 치며 말했다.

"야, 넌 왜 아빠한테 대답도 안 하냐?"

"아, 몰라."

호연은 참았던 짜증을 버럭 터트렸다.

"교실 문 뜯어진 거 때문에 그래? 그럴 수도 있지. 저 문이 원래 좀 이상했거든. 지난번에도……."

"됐거든. 그만해."

"우리 엄마는 입학식 때 딱 한 번 학교에 왔었어. 우리 아빠는 오고 싶어도 올 수 없거든. 근데 네 아빠는 유치원 때부터 너를 그렇게 잘 챙겨 주고, 네 친구라고 나한테도 맨날 아이스크림을 사 주고 두 발 자전거도 가르쳐 주고……, 정말 좋은 분이잖아. 그런 아빠가 있으면 소원이 없겠다. 근데 넌 왜 아빠만 보면 불만이냐? 철 좀 들어라, 응?"

0세 반 어린이집부터 유치원, 초등학교까지 쭉 함께 다녀서 호연의 사정을 너무 잘 아는 미달은 옳은 말만 골라 했다. 호연은 양심이 찔렸지만 짜증도 났다. 그러던 차에 옆에 있던 세라까지 미달의 말에 맞장구를 쳤다.

"그러게. 외모는 붕어빵인데 성격은 아빠가 훨씬 좋으신 것 같네. 성격은 유전이 안 되나?"

호연은 세라를 노려보았다.

세라는 호연의 무서운 눈빛을 눈치를 못 챈 척 중얼거렸다. 아주 큰 소리로!

"근데 말이야, 아빠가 대머리면 나중에 아들도 대머리 되는 거 맞지? 그거 유전이잖아. 어떡하냐, 호연아? 나중에 너도 대머리 되겠다! 지금도 머리숱이 많지는 않은 거 같아. 그치?"

호연의 얼굴이 시뻘게졌다. '대머리'는 호연이 가장 두려워하는 단어였다. 어릴 때부터 친척들이나 아빠 친구들을 만날 때마다 귀가 닳도록 대머리 이야기를 들었기 때문이다.

"아이고, 호연이는 아빠랑 붕어빵이구나! 그래도 대머리는 닮지 말거라. 네 아빠는 고등학교 졸업하기도 전부터 머리가 빠졌단다."

"네 아빠는 대머리 때문에 결혼하기 전부터 할아버지 소리를 들었어. 우리 호연이가 저주받은 유전자를 물려받지는 않았겠지? 하하!"

 대머리라는 말을 들을 때마다 호연은 대머리의 저주가 내리는 것 같아 견딜 수 없었다. 세라는 바로 그 대머리를 건드렸다. 호연은 다른 것도 잘 참지 못하지만 대머리의 저주는 더더욱 못 참았다.

 "야! 박세라, 조용히 못 해?"

 호연이 벌떡 일어나 소리쳤다. 하필이면 그때 선생님이 들어왔다. 선생님은 호연에게 앉으라는 손짓을 했다.

"그래, 호연아. 너부터 조용히 좀 해라."

호연은 털썩 주저앉았다. 온몸의 힘이 다 빠져나갔다. 오지 말라니까 기어이 나타난 아빠가 제일 밉고, 예쁜 것만 믿고 잘난 척 하는 박세라도 정말 미웠다.

며칠 뒤 호연은 혼자 버스를 타고 미달의 집을 찾아갔다. 미달이 이사했다는 소식을 들은 엄마가 이것저것 싸 주면서 갖다 주라고 시켰기 때문이다. 그게 아니더라도 호연은 미달의 집에 가 보고 싶었다. 잘 알지도 못 하는 고모할머니가 어마무시하게 큰 마당이 있는 집을 물려줬다는 말이 진짜인지 알고 싶었다. 미달의 인생에 그런 만화 같은 일이 생겼다면 호연의 인생이라고 생기지 말라는 법은 없지 않은가! 잘 생기고 유명한 연예인이 찾아와 '네 혈액형이 O형이지? 사실은 네가 잃어버린 내 아들이다. 이제부터 너는 나를 닮게 될 거야.'라고 말한다던가 하는!

호연은 허무맹랑한 기대로 부푼 마음을 안고 주택가로 이어진

　오르막길을 걷고 또 걸어서 꼭대기까지 올라갔다.
　"어휴! 큰 집이라더니 산꼭대기 오두막 집 아냐?"
　호연은 맨 꼭대기에 있는 빨간 대문 집 앞에서 걸음을 멈췄다. 높은 담벼락에 내걸린 간판이 눈에 확 띄었다.

유전 법칙을 연구하는 멘델의 완두콩 텃밭

"어? 빨간 대문 맞는데, 이 간판은 뭐지?"

호연이 대문 앞을 얼쩡거리는데 갑자기 문이 벌컥 열렸다. 저승사자같이 검은 옷을 입은 아저씨가 무시무시한 흉기를 들고 서서 호연을 쳐다보았다. 손은 흙투성이에다 이마에 땀을 뻘뻘 흘리고 있었다. 곡괭이를 닮은 흉기에서는 피 같은 검붉은 액체가 주르륵 흘러내렸다. 검은 옷을 입은 아저씨는 방금 시체를 묻고 나온 사람처럼 보였다.

"여기 안미달 집 아니에요?"

"마, 맞는데?"

아저씨는 깜짝 놀라며 말했다. 호연이는 어쩐지 불길한 예감이 들었다.

"아저씨는 누구예요? 여기서 뭐 해요? 미달이는요?"

"미달이는 지금 바쁘지, 바빠."

컹컹컹, 순간 어느 집에선가 개들이 불길하게 짖어 댔다. 동네는 음침하고 아저씨는 수상하고, 호연은 혹시라도 미달에게 무슨 일이 생긴 건 아닌지 걱정이 되었다. 강도, 납치, 유괴, 감금 등 온갖 끔찍한 단어들이 머릿속을 휘저었다.

호연은 검은 옷을 입은 아저씨와 자신의 힘을 가늠해 보았다. 아저씨는 키는 컸지만 호리호리해서 아주 세 보이지는 않았다.

자신은 아빠를 닮아 불도저같이 우람하니까 일단 한 번……. 생각이 정리되기도 전에 호연이의 몸이 먼저 나갔다.

"내 친구 어딨어요? 미달아, 미달아! 괜찮아?"

호연은 저승사자를 냅다 밀어뜨리고 대문 안으로 뛰어 들어갔다. 아저씨는 맥없이 벌렁 넘어졌다. 영문을 모르겠다는 표정으로 호연을 쳐다볼 뿐 공격을 하지도 도망가지도 않았다.

미달은 마당에 쭈그리고 앉아 흙을 파다가 벌떡 일어났다.

"호연아, 무슨 일이야?"

미달은 넘어져 있는 아저씨에게도 외쳤다.

"멘델 아저씨, 괜찮아요? 안 다쳤어요?"

호연은 어리둥절한 얼굴로 두 사람을 번갈아 쳐다보았다. 납치범과 인질 사이는 아닌 것 같았다.

"저 아저씨 아는 사람 맞아? 너랑 엄마를 납치, 유괴, 감금한 사람은 아니고?"

"뭔 소리야? 아는 삼촌인데 우리 집 옥탑에 살아."

호연은 멋쩍은 미소를 지으며 멘델을 일으켜 주었다.

"죄송합니다. 나쁜 사람인 줄 알고……. 미달이는 엄마랑 둘이 사는데 이상한 아저씨가 있어서 오해했어요."

"허허! 괜찮아, 괜찮다. 그것보다 너, 힘이 참 세구나. 키도 크고. 우리 농장에서 일해 보지 않을……."

멘델 아저씨의 말이 끝나기도 전에 미달은 빽 소리를 질렀다. 어떻게 구한 일자리인데, 호연에게 빼앗길 수는 없었다.

"아저씨! 일은 제가 하기로 했잖아요."

"그건 그렇지. 하지만 비닐하우스를 만드는 동안은 키 크고 힘센 친구의 도움이 필요해."

"안 돼요! 저한테 일당을 더 주면 사다리 타고 올라 다니며 비닐하우스 지어 줄게요. 돈만 많이 주면 집도 지어 줄게요."

미달은 큰소리를 땅땅 쳤지만 실패했다. 호연이가 자기도 일하겠다고 적극적으로 나서는 바람에 별로 부자처럼 보이지도 않는 멘델 아저씨의 농장에 일꾼이 둘이나 생겼다.

"쳇, 특별 수당을 받기는 다 틀렸군."

미달은 투덜거리고는 호미를 힘껏 휘두르며 애꿎은 땅에다 화풀이를 했다.

호연이는 아저씨를 도와 비닐하우스의 뼈대를 세웠다. 봄바람이 꽤 쌀쌀했는데도 호연은 땀을 뻘뻘 흘렸다. 호연은 무려 오스트리아에서 온 아저씨가 왜 언덕 위의 낡은 집에 비닐하우스를 짓고 맛도 없는 완두콩을 키우려는지 궁금했다.

"멘델 아저씨는 완두콩을 키워서 먹을 거예요?"

"먹어야지. 먹을 걸 버리면 벌 받지."

"기왕이면 좀 더 맛있는 걸 키우지 그래요? 딸기 같은 거."

"딸기? 그것 참 맛있겠다."

멘델 아저씨는 군침을 꿀꺽 삼키고 말했다.

"하지만 딸기는 유전 법칙을 연구하기에 적합하지 않아. 너무 비싸고 기르기도 어렵거든. 뚜렷한 대립 형질을 찾아내기도 어렵고……."

"대립…… 뭐요?"

호연이는 아저씨의 말을 이해할 수 없었다.

"대립 형질 말이다. 완두콩의 모양은 둥글거나 주름지거나 둘 중 하나야. 둥글면서 주름진 콩은 없어. 색깔은 노랗거나 녹색이지. 반은 노랗고 반은 녹색인 콩은 없어. 이렇게 **하나의 형질에 대해 서로 뚜렷하게 구별되는 특징을 대립 형질이라고 하고, 대립 형질에 관여하는 유전자를 대립 유전자라고 하지.** 완두는 뚜렷한 대립 형질이 일곱 가지나 있어서 유전 법칙을 연구하기에 참 좋단다."

"사람은요? 사람의 유전도 그래요?"

어느새 미달도 바짝 다가와 물었다.

"그럼! 키, 몸무게, 지능 같은 것은 여러 유전자가 관계되어 있

7가지 완두의 대립 형질	씨의 색깔	씨의 모양	콩깍지의 색깔
	노란색	둥글다	녹색
	녹색	주름지다	노란색

콩깍지의 모양	꽃의 색깔	꽃이 피는 위치	줄기의 키
매끈하다	보라색	잎겨드랑이	키가 크다
잘록하다	흰색	줄기 끝	키가 작다

지만 쌍꺼풀, 보조개, 손가락 마디의 털, 혀 말기 등은 한 쌍의 대립 유전자에 의해 결정된다. 이런 유전자가 있는 사람에게는 나타나지만 없으면 절대 안 생기지."

"절대로요?"

미달은 절망했다. 아무리 운동을 많이 하고 좋은 음식을 많이 먹어도 미달이 원하는 쌍꺼풀은 절대로 생기지 않는다는 사실을 다시 한 번 확인했기 때문이다.

호연도 인터넷으로 숱하게 뒤져보았지만 그래도 희망을 놓을 수 없는 중요한 문제를 아저씨에게 털어놓고 싶었다. 하지만 아직은 좀 부끄러워서 다음 기회를 노리기로 했다.

"멘델 아저씨. 저, 날마다 여기 와서 일 도와드리고 궁금한 걸 물어봐도 돼요? 돈은 안 받아도 돼요."

"그럼 당연하지!"

의욕을 불태우는 호연을 보고 멘델 아저씨는 환하게 웃었다. 미달은 혹시 제 몫의 수고비를 못 받을까 봐 재빨리 말했다.

"제 수고비는 꼭 주셔야 해요!"

그날 밤 미달은 잠이 잘 오지 않았다. 옆집에서 개가 자꾸 짖고 끙끙거려서 신경이 쓰였다.

'혹시 어디가 아픈 걸까? 주인 아줌마는 왔다 갔나? 한번 가

볼까? 내 쌍꺼풀은 정녕 수술 밖에 답이 없나? 수술하면 아플 텐데…….'

미달은 밤늦도록 이런저런 생각을 하다 어느새 잠이 들었다.

복제 인간 하라인
• 사람마다 유전자가 다 다르다 •

라인은 전학생의 운명이 정말 싫었다. 전학생은, 어쨌거나 아이들의 관심을 너무 끈다. 머리가 너무 짧거나 키가 너무 크거나 너무 똑똑하거나 너무 멍청해서가 아니었다. 아무리 평범해도 낯설다는 이유로 관심을 끈다. 조금이라도 얼굴이 알려진 사람은 감당할 수 없는 시선을 견뎌야 한다. 질투, 반감, 이유를 알 수 없는 적의, 운이 좋으면 약간의 호감······.

'전학생의 운명을 잘 개척해서 새 학교에 매끄럽게 정착한 사람도 있겠지. 하지만 좋은 친구 따위는 만날 수 없는 비운의 주인공이라면? 그 운을 시험해 볼 필요도 없지 않을까?'

라인은 새로 전학 갈 학교 건물을 올려다보았다. 초등학교만 벌써 세 번째, 이번 학교가 가장 낡고 작고 멍청해 보였다. 엄마는 긴장한 라인의 손을 꼭 잡으며 속삭였다.

"학교가 아주 정감 있게 생겼지? 엄만 느낌이 아주 좋다!"

라인은 '엄마의 바람이겠죠.'라고 생각하면서 엄마 손을 놓았다. 짧게 자른 머리카락 속으로 서늘한 바람이 파고들었다.

"엄마, 나 혼자 들어갈게."

"왜? 그래도 엄마가 같이……."

라인은 고개를 저었다.

"알았어. 그럼 혼자 가. 우리 딸, 사랑해!"

라인의 엄마는 넓은 운동장을 가로질러 혼자 들어가는 딸을 쓸쓸한 표정으로 지켜보았다. 자라면서 점점 더 예뻐지는 딸이 자랑스러웠는데 어쩌다 이렇게 되었는지 엄마는 이해할 수가 없었다.

미달은 새로 온 전학생을 보고 깜짝 놀랐다. 모델처럼 키가 크고 늘씬한 아이였다. 야구 모자를 깊게 눌러 썼지만 연예인 뺨치게 예쁜 외모를 숨길 수 없었다. 아이는 칠판 앞에 삐딱하게 서서 손가락을 까딱거리며 태연한 척했지만 엄청 떨고 있었다.

"모자는 벗고 네 소개를 하렴."

선생님의 말씀에 전학생은 대답 없이 모자를 벗었다. 짧은 머리카락이 달랑달랑 흔들렸다. 미달의 마음도 찰랑 흔들렸다.

전학생은 작은 목소리로 자기소개를 시작했다.

"내 이름은 하라인……."

"와! 예쁘다."

전학생의 말이 끝나기도 전에 미달은 꽥 소리를 질렀다. 하라인은 미달이 그토록 바라던 외모 이상형이었다. 큰 눈에 짙은 쌍꺼풀, 햇볕을 한 번도 안 본 것 같은 하얀 피부, 발그레하고 통통한 볼, 짧지만 윤기 있는 머리카락, 무엇보다 투명하게 반짝거리는 갈색 눈동자가 숨 막히게 예뻤다. 막 텔레비전에서 튀어나온 것 같은 완벽한 미모였다. 그러고 보니 어디서 본 것 같기도 했다.

미달은 다시 한 번 소리를 꽥 질렀다.

"너 연예인 아니야? 텔레비전에 나온 적 있지? 분명히 본 적이 있는데."

순간 라인의 눈빛이 사나워졌다. 그런 줄도 모르고 아이들은 닮은 연예인 이름을 말하며 법석을 피웠다.

"오디션 프로그램에 나왔나?"

"아역 탤런트 같은 거 했어? 진짜 어디서 본 것 같은데."

라인은 입을 꾹 다물었다. 연예인 같다는데 좋아하기는커녕

표정이 얼음장처럼 싸늘해졌다. 라인은 궁금해서 들썩이는 아이들을 두고 또박또박 제 자리로 걸어갔다.

전학생의 첫 번째 쉬는 시간, 당연히 라인의 주변은 시끌시끌했다. 가까이 다가가지 못한 아이들도 힐끔힐끔 라인을 쳐다보았다. 호연도 걱정스러운 눈으로 라인을 보았다. 연예인 정보를 줄줄 꿰고 있는 호연은 라인을 보자마자 바로 누구인지 눈치챘기 때문이다.

연예인 지망생인 세라가 팔짱을 끼고 서서 라인에게 물었다.

"하라인 너, 정말 연예인은 아니지?"

세라 패거리들이 우르르 몰려가 거들었다.

"에이! 좀 예쁘다고 연예인 하면 우리 세라는 벌써 스타게?"

"맞아. 연예인은 뭐 아무나 되나? 끼가 있어야지."

"세라는 이미 우리 학교 연예인이잖아."

라인은 심술궂은 여자아이들을 보고 속으로 한숨을 쉬었다.

'이럴 줄 알았어. 난 좋은 친구 따윈 못 만날 운명인 거야. 세 번째 운은 시험해 보지도 않겠어.'

라인은 의자에 등을 기대고 앉아 일부러 거만하게 말했다.

"니들이 무슨 상관인데?"

"아니, 상관은 없는데 연예인도 아니면서 연예인인 척하니까 그렇지."

 언제나 세라보다 열을 내는 민지가 목소리를 높였다. 라인은 코웃음을 쳤다.

 "척을 하는 게 아니라 그냥 있어도 연예인 같은가 보지. 누구랑 다르게."

 미달은 아슬아슬한 다툼을 지켜보며 안절부절못했다. 성가신 세라 패거리와 다투고 싶진 않지만 저 예쁜, 이상형의 친구를 구해 주고 싶었다.

 "너 오디션이라도 보러 다니니? 된 적 있어?"

 세라의 말끝이 날카로웠다. 그게 제일 궁금했던 모양이었다.

 "글쎄. 그게 중요해?"

 라인이 앞머리를 쓸어 올렸다. 그 순간 미달은 라인이 누굴 닮았는지 알아차렸다.

 "소은! 너 핑크핑크 막내 소은하고 진짜 닮았다. 설마 진짜 소은은 아니지?"

 순간 라인의 표정이 딱딱하게 굳었다. 세라는 고개를 세차게 저었다.

 "말도 안 돼. 소은은 우리보다 나이가 많거든. 혹시 너 소은 동생이야? 아니지?"

세라는 라인이 진짜 연예인일까 봐 걱정이었다. 연예인 동생이라도 싫었다.

세라는 학교에서 유명한 연예인 지망생이었다. 예쁘기도 하지만 노래도 잘하고 춤도 무척 잘 췄다. 덕분에 오디션을 보러 가면 1차에는 꼭 붙었다. 아직 데뷔하기는커녕 연습생도 못 되었지만 학교에서 세라는 거의 연예인 대접을 받았다. 하지만 진짜 연예인이 나타나면 지망생인 세라의 존재감은 한순간에 사라질 것이다. 질투심이 많은 세라는 그런 꼴을 당하고 싶지 않았다. 당할 수 없었다.

"그런 거 아니거든."

라인은 기분 상한 듯 고개를 홱 돌렸다. 그때 민지가 세라에게 스마트폰 속의 사진을 보여주며 속삭였다. 세라의 큰 눈이 더 동그래졌다가 반달이 되었다. 세라가 심술궂게 웃으며 말했다.

"이해하지? 우리가 착각할 수 있는 거."

라인은 대답을 하지 않았다. 당당하다 못해 거만했던 표정은 사라지고 얼굴이 벌겋게 달아올랐다.

"우리만 그런 거 아니잖아. 다른 사람들도 많이 그랬잖아. 그렇지, 해림?"

라인이 벌떡 일어났다. 빨개진 눈으로 세라를 노려보았다. 분위기가 심상치 않자 반 아이들은 숨을 죽이고 지켜보았다.

"하라인 예전 이름이 해림이었대, 해림!"

민지는 반 아이들 모두가 들으라고 큰 소리로 말했다. 미달은 스마트폰으로 재빨리 '해림'을 검색했다.

"헉!"

미달은 놀라서 스마트폰을 떨어뜨릴 뻔했다.

'소은 해림 쌍둥이 설. 광고 모델 해림, 인기 위해 쌍둥이 설 퍼트러……'

그제야 미달은 라인을 어디서 봤는지 기억이 났다.

해림은 이삼 년 전쯤 아이스크림 케이크와 빵집 광고에 나온 광고 모델이었다. 미달과 동갑이라는데 훨씬 어른스럽고 예뻐서 부러웠던 기억이 났다. 그 무렵 소은은 인기 절정의 아이돌 그룹의 멤버였다. 두 사람은 무척 닮아서, 소은이 두 살이나 많은데도 일란성 쌍둥이라는 소문이 돌았다. 해림은 처음으로 하게 된 방송 인터뷰에서 자신이 입양아라는 사실을 밝히며 '소은이 진짜 친언니였으면 좋겠다.'고 했다. 귀엽게 볼 수 있는 일이었는데 소은의 팬들은 일제히 들고 일어나 해림을 비난했다. 겨우 광고 한 편을 찍은 신인 모델인 해림이 인기를 얻으려고 자신들의 소은을 이용한다는 이유였다.

한 번 시작된 악플은 점점 더 끔찍해졌다. 어떤 사람은 해림을 버렸다며 친부모를 비난하고 어떤 사람은 해림을 이용해 돈을 벌려 한다며 양부모를 비난했다. 어떤 사람은 자신이 친부모라며 나타나 유전자 검사를 요구했다. 연예계 뉴스는 겨우 열한 살이었던 해림을 보호하기는커녕 더 요란하게 떠들어 댔다. 해림은 혼란스러웠고 겁이 났다. 세상 사람들이 다 적으로 보였고 자신을 연예인으로 만든 지금 부모를 원망했다.

그 일로 해림은 연예계를 떠났다. 일 년 넘게 외국에서 지내며 이름을 바꾸고 학교를 바꾸고 다른 사람처럼 지냈다. 대중의 기억에서 잊히기를 바라면서 말이다.

'세상에! 얘한테 소은을 닮았다고 하다니!'

미달은 제 손으로 제 입을 꿰매 버리고 싶었다. 하지만 엎질러진 물을 어찌하랴! 미달은 재빨리 달려가 사과했다.

"미안해. 몰랐어. 미안!"

미달은 라인의 짧은 머리가 소은과 닮지 않으려는 노력으로 보여 마음이 아팠다. 라인은 입술을 꽉 깨물었다.

"아니야. 이해해. 착각할 수 있지. 사실 나는 소은 복제 인간이거든."

라인은 제 입에서 흘러나오는 말에 기가 막혔다. 이딴 애들 상대 안 하면 그만인데 왜 감당도 하지 못할 말을 하고 있는지 스스로도 이해할 수 없었다. 놀라고 어이없기는 반 아이들도 마찬가지였다. 아이들은 라인의 말을 이해하지 못해서 잠깐 어리벙벙했다. 맨 먼저 정신을 차린 세라가 깔깔 웃었다.

"너 보기보다 유머 감각이 뛰어나구나. 인기 얻으려고 남을 이용한 애보다는 복제 인간이 낫겠니?"

세라 패거리들도 따라 웃었다. 하지만 라인은 더없이 진지한 표정이었다. 어느새 벌게졌던 얼굴빛도 하얗게 돌아왔다.

"진짠데."

킬킬거리던 아이들이 조용해졌다. 공상 과학 영화도 아니고 복제 인간은 누가 들어도 엉뚱한 이야기였다. 하지만 너무 엉뚱해서 오히려 믿고 싶기도 했다. 세라가 코웃음을 치며 말했다.

"쳇! 장난치지 마. 세상에 복제 인간이 어딨냐?"

"여기 있잖아. **세상에는 60억 명이 넘는 사람이 사는데 모두 다 유전자가 달라.** 세상에 유전자가 같은 사람은 일란성 쌍둥이와 복제 인간 밖에 없지. 복제 인간은 원래 인간의 세포를 복사해 만들었거든. 세포 속에 유전자가 들어 있으니까 복제 인간은 원래 인간과 똑같아. 내 얼굴을 잘 봐. 소은하고 얼굴 모양, 머리카락 색깔, 눈 코 입 다 똑같지? 우리 몸에서 다른 건 지문 정도? 지문은 유전자로 정해지는 게 아니거든. 아, 맞다. 엄청난 차이점이 하나 있다. 복제 인간은 마음이 없다는 거."

아이들은 어리둥절해서 서로를 쳐다보았다.

"그럼 복제 인간하고 로봇하고 비슷한 거야?"

누군가 묻자 세라는 신경질을 냈다.

"야! 지금 얘 말을 믿니? 우릴 놀리는 거잖아. 전학 온 첫날부터 우리 반 애들을 갖고 노는 거라고. 진짜 이상한 애네."

"전학생한테 시비부터 걸고 보는 네가 할 말은 아닌 것 같다. 아무튼 난 복제 인간이고 마음이 없어. 그러니까 건드리지 마. 알겠니?"

라인은 씩씩거리는 세라에게서 천천히 고개를 돌렸다.

그 순간 라인은 정말이지 마음을 없애고 싶었다. 하지만 복제 인간이라도 인간인 이상 마음이 있을 것 같았다. 라인은 그 마음이 아팠다. 이 불편한 상황을 만든 미달도, 라인의 과거를 맨 처음 눈치챈 호연도 마음이 아팠다.

마음 아픈 두 친구는 학교가 끝나자마자 완두콩 연구소로 달려갔다. 멘델 아저씨가 학교 끝나면 곧장 달려오라고 신신당부를 했기 때문이었다.

"우리 왔어요."

미달과 호연은 헐레벌떡 마당으로 뛰어들었다. 아침까지만 해도 앙상했던 비닐하우스의 뼈대에 투명한 비닐이 팽팽하게 씌워져 있었다.

"아이고, 허리야! 나 혼자 비닐 씌우느라 고생 좀 했다. 이제 완두콩을 심자."

멘델 아저씨는 완두콩을 담은 바구니를 네 동의 비닐하우스 앞에 하나씩 놓았다.

"헷갈리면 절대 안 된다. 노란색 콩, 녹색 콩, 둥근 콩, 주름진 콩을 각각의 비닐하우스에 따로따로 심어야 한다."

미달은 노란색 콩 하우스에 들어가 무려 두 시간 동안 지루하게 노란색 완두콩을 심었다. 말할 사람도 없고 심심해서 그동안 했던 심부름들을 떠올려 보았다. 이불 밟아 빨기, 엄마가 은행에 놓고 온 옷 찾으러 가기, 엄마 꽃집에서 화분 옮기기, 카페 화장실 청소……. 심부름 수고비는 쥐꼬리만 한데 허리 아프고 머리 아프고 힘든 일들이었다. 그나마 가장 마음에 들었던 일은 여행 간 주인을 대신해 강아지 돌봐 주기였다. 밥 주고 놀아 주고 똥 치우기까지는 좋았는데 똥 묻은 발을 씻겨 줄 때는 좀 구역질이 났다.

어쨌든 지금껏 경험한 수많은 심부름 중에 몸이 제일 힘든 일은 바로 지금 하는 농사일이다. 미달은 농촌에서 태어나지 않은 걸 새삼 감사하며 멘델 아저씨에게 외쳤다.

"아유, 허리야! 아유, 무릎이야! 멘델 아저씨, 아프면 치료비는 따로 주셔야 해요."

그날 저녁 미달과 호연은 '완두콩 파종 기념' 특별 수당을 받았다. 미달은 충분히 받은 돈만큼 완두콩에 대한 사랑이 쑥쑥 커져 가는 것을 느꼈다.

미달은 다음 날 학교에 가기 전에 비닐하우스에 들어가 보았다. 완두콩은 하룻밤 사이에 싹이 트고 자라서 꽃봉오리까지 맺혀 있었다.

"어? 완두콩이 원래 이렇게 빨리 크나? 설마 마법의 완두콩 같은 건 아니겠지?"

미달은 멘델 아저씨에게 물어보려다 시간이 늦어서 그냥 학교로 뛰어갔다.

완벽한 유전자

· 순종의 대립 형질끼리 교배시킬 때
우성만 나타난다 ·

　라인은 전학 온 지 이 주일이 지나도록 혼자였다. 교실에도 혼자 앉아 있고 점심도 혼자 먹고 집에도 혼자 갔다. 전학 온 첫날부터 세라 패거리가 못되게 굴어서 그렇게 되었지만 한편으로는 라인이 혼자되려고 작정한 것 같기도 했다. 세라 패거리는 인터넷에서 새로운 정보를 알아와 수군거리고 소은의 팬인 아이들은 라인을 못마땅하게 쳐다보았지만, 라인과 친하게 지내 보려는 아이들도 있었다.
　하지만 라인은 아무에게도 웃지 않았다. 친하게 지내려는 아이들이나 수군거리는 아이들 모두에게 똑같이 도도하고 냉정했다. 누가 말을 거는 게 싫은 것 같았다. 아무리 상냥하게 말을 붙여도 "왜?"와 "싫은데?"라고만 말했다. 결국 말을 붙이던 아이들도 모두 떠났고 라인은 전학 온 첫날처럼 혼자 남았다.

미달도 몇 번이나 말을 붙여 보다 실패했다. 그래도 미달은 라인을 포기하지 않았다. 라인이 전학 온 첫날 저지른 실수 때문만은 아니었다. 라인이 자신의 외모 이상형이라 그랬을까? 아무리 쌀쌀맞게 굴어도 끌렸다. 잘해 주고 싶었다.

'뭐야? 나, 여자애한테 반한 거야? 으악, 말도 안 돼!'

미달은 혼자 생각하고 혼자 부르르 떨었다. 라인을 몰래 힐끔거리면서 말이다. 힐끔 봐도 빤히 쳐다봐도 라인은 역시 완벽한 미달의 이상형이었다.

'저렇게 생기면 얼마나 좋을까? 세상에 걱정이 하나도 없겠다!'

하지만 라인의 얼굴에 행복한 표정이라고는 하나도 없었다. 그제야 미달은 라인에게 끌린 이유를 알 것 같

았다. 완벽한 유전자를 가지면 행복할 줄 알았는데 그게 아닌 것 같았다. 미달은 라인의 마음을 이해해 보고 싶었다.

호연도 가끔씩 라인을 쳐다보았다. 그러다 호연과 미달이 눈이 마주치자 "메롱!" 둘은 동시에 혀를 내밀었다.

'쳐다봐 주는 친구가 있으니까 라인도 언젠가 행복해질 거야.'

미달은 애써 마음을 놓았다. 하지만 세상은 그렇게 만만하지 않았다. 일은 체육 시간에 벌어졌다. 시합이 아니고 그냥 하는 피구 놀이였는데 공이 장난 아니었다. 세라 패거리와 몇몇 아이들이 한 팀이 되어 라인에게만 공을 던졌다. 차라리 금방 죽어 버리면 편한데 라인은 땀을 뻘뻘 흘리며 아슬아슬 공을 피했다.

'저러다 애 잡겠네!'

미달은 슬쩍 라인의 앞을 막아서며 소리쳤다.

"야, 살살 하자. 운동 못 하는 애들은 어디 살겠냐?"

"죽으면 되지!"

라인을 겨냥한 날쌘 공이 미달의 어깨 위로 휙 날아갔다.

다행히 라인은 공을 잘 피했다. 반대편에서 또 라인을 노리는 공이 날아왔다. 미달은 또다시 라인을 막아 주려다 정통으로 머리를 맞았다. 눈앞이 깜깜해질 만큼 센 공이었다.

"안미달, 죽었어. 나와."

너무 아파서 얼어 버린 미달에게 세라가 매정하게 말했다.

"세상에! 정말 너무하네."

미달은 머리통을 부여잡고 선 밖으로 나왔다. '하라인 죽이기' 피구 경기는 계속되었다. 라인은 날쌔게 공을 잘 피했다. 외모만 완벽한 게 아니라 운동 실력도 나무랄 데가 없었다.

'쟤는 전생에 나라를 구했나? 얼굴이면 얼굴, 운동이면 운동! 못하는 게 없네. 우성의 결정체네, 결정체야! 어휴, 나같이 열등한 유전자가 우성 유전자를 구하려 했으니 한심하다, 한심해!'

미달은 고개를 절레절레 저었다.

완벽한 유전자는 최후의 일인이 되어 끝까지 싸우다 질투의 화신 세라의 공을 맞고 장렬히 전사했다.

이윽고 라인과 미달 팀의 공격 차례가 되었다. 어쩌다 보니 공이 미달의 손에 있었다. 피구에서 공을 잡을 때마다 미달은 고민했다. 인간은 모두가 소중한 존재인데 도대체 누구를 죽여야 한단 말이냐! 미달이 잠깐 고민하는 사이, 호연이 덥석 공을 빼앗아 갔다. 호연은 재빨리 세라에게 한 방 날렸다. 뻥! 엄청난 속도로 날아간 공은 세라의 배를 정확히 맞췄다.

"악!"

세라가 비명을 지르며 고꾸라졌다.

"세라야, 괜찮아?"

"야! 그렇게 세게 던지기가 어딨어?"

세라 패거리가 한꺼번에 들고 일어났다.

"미안, 미안해. 그냥 한 번 던져 봤는데 맞았네. 미안해."

호연은 두 손을 번쩍 들고 너스레를 떨었다. 미달은 슬쩍 라인을 돌아보았다. 라인은 먼 산을 바라보고 있었다. 누가 죽든지 관심이 없었다. 상대가 세라였는데도 말이다.

"야!"

막 교실을 나서려던 미달은 등 뒤에서 들리는 목소리에 깜짝 놀랐다. 설마 하며 돌아보니 라인이 미달의 뒤에 서 있었다.

"왜? 무슨 일이야?"

너무 뜻밖이라 미달은 라인이 화가 났다는 것을 알아채지 못했다. 라인은 미달에게 바짝 다가오더니 미달의 가방을 홱 낚아챘다.

"이거 뭐야? 어디서 났어? 나한테 와서 막 말 걸더니 이러려고 그랬니? 이런 애였어?"

미달은 황당해서 말문이 막혔다. 도대체 라인은 무슨 말을 하는 걸까?

"무슨……?"

그 순간 라인은 미달의 가방에서 다람쥐 인형이 달린 황금 열쇠를 확 떼어 냈다. 어찌나 거칠게 떼어 내던지 가방의 지퍼까지 떨어질 뻔했다. 라인은 황금 열쇠를 미달의 눈앞에서 흔들며 매섭게 말했다.

"이건 내 거야. 내 가방에 달고 다니던 거라고. 어떻게 이걸 훔칠 수 있어?"

"아, 그거. 아니야!"

미달은 그제야 라인이 뭘 오해했는지 알아챘다. 설명을 하려고 했지만 라인은 제 할 말만 속사포처럼 쏟아 냈다.

"뭐가 아니야? 내 가방에 달아 둔 황금 열쇠가 왜 네 가방에 달려 있냐고! 내가 얼마나 찾았는 줄 알아? 왜, 길에서 줍기라도 했다고 할래?"

"응, 주웠어. 근데 비싼 거였니?"

"뭐? 그걸 지금 변명이라고 해? 그래. 이게 진짜 황금이 아니라 비싸지는 않지만 내겐 정말 소중한 물건이라고!"

라인은 홱 돌아서서 가 버렸다. 미달도 화가 나고 섭섭했다. 미달은 라인을 쫓아가 팔을 붙잡았다.

"하라인. 넌 왜 남의 말을 안 믿니? 너도 다른 사람이 네 말을 안 듣고 제멋대로 떠들어서 상처받았으면서 왜 똑같이 굴어? 아니라고 했잖아. 주웠댔잖아. 그럼 어디서 주웠는지 언제 주웠는지 사정을 들어봐야 하는 거 아니니?"

라인의 얼굴이 빨개졌다. 미달의 말은 아팠지만 옳았다.

"그 열쇠, 진짜 주웠어. 우리 옆집 앞에서. 옆집에서 어떤 애가 나오다 떨어뜨린 것 같아. 검은 옷을 입고 검은 모자를 쓴 애였는데 설마 너였어? 네가 전학 오기 전이라 난 몰랐지."

"혹시, 개가 있는……?"

"맞아. 우리 옆집 개 키워. 여러 마리인 것 같던데. 네가 어떻게 알아? 어? 그러고 보니까 이젠 소리가 많이 안 나네. 처음엔 엄청 많은 것 같았는데. 그치, 호연아?"

미달은 뒤따라온 호연을 돌아보았다. 그 틈에 라인은 막 달려가 버렸다.

"어, 왜 그냥 가지? 나한테 사과해야지."

미달이 중얼거렸다. 하지만 라인의 뒷모습을 쳐다보던 호연은 오히려 미달을 탓했다.

"미달이 너, 너무한 거 아니야?"

"내가 뭘? 잘못은 쟤가 했거든."

버럭 소리쳤지만 미달은 라인에게 심하게 한 것 같아 마음이 좀 쓰였다.

미달이 집에 와 보니 뜻밖에 엄마가 있었다. 콜 센터 회사에 취직한 뒤로 낮에는 좀처럼 보기 힘들었는데 무슨 일일까? 미달은 거울 앞에 서 있는 엄마를 뒤에서 와락 껴안았다.

"미달아, 어떡하냐?"

미달은 심장이 쿵 내려앉는 것 같았다. 엄마가 어떡하냐고 할 때마다 감당하기 힘든 일들이 뚝뚝 떨어져 있었기 때문이다.

"또 왜?"

엄마는 미달의 눈앞에서 길고 찰랑찰랑한 머리를 마구 헤쳤다. 엄마의 머리에 백 원짜리 만한 구멍이 뻥 뚫려 있었다. 미달은 깜짝 놀라 물었다.

"여기 있던 머리카락 어디 갔어?

"빠졌어. 원형 탈모래. 회사에서 스트레스를 너무 많이 받았나 봐. 어휴, 정말 내가 못 살아!"

"어떡해! 근데 엄마, 좀 웃겨."

미달은 깔깔깔 웃고 말았다. 엄마가 화를 내며 꿀밤을 쥐어박

았지만 웃음은 쉽게 멈추지 않았다. 회사 일이 얼마나 힘들었으면 머리카락이 빠졌을까 안타까웠지만 웃기기도 하고 더는 엄마 머리카락이 부럽지 않아서 은근히 기분이 좋았다.

'못된 딸이야. 나는.'

미달은 숱이 많아서 복슬복슬한 제 머리를 통통 때리며 밖으로 나갔다가 이내 돌아와 소리쳤다.

"엄마도 나와서 일 좀 해. 마음이 복잡할 때 초록색을 보고 있으면 기분이 편해져."

"됐어. 완두콩 보면 스트레스가 더 쌓여서 대머리가 될지도 몰라."

엄마다운 대답이었다.

미달이 마당에 나가 보니 완두 콩깍지가 산더미같이 쌓여 있었다. 멘델 아저씨가 말했다.

"미달이도 나왔으니 본격적으로 시작해 볼까? 이 완두콩은 너희가 심었던 노란색 완두콩과 녹색 완두콩을 수정시켜서 얻은 콩이야.

"깍지를 까면 어떤 색깔의 콩들이 나올까?"

"연두색이오!"

미달과 호연이 동시에 대답했다. 멘델 아저씨는 고개를 절레절레 저었다.

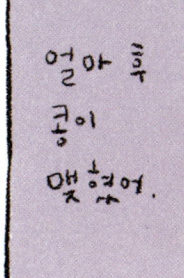

"옛날에는 너희처럼 생각한 사람이 많았어. 노란색 물감과 녹색 물감이 섞이면 연두색이 되듯 유전자도 섞여 중간이 된다고 믿었지. 하지만 그 생각은 틀렸어. 유전이 그렇게 이루어진다면 혀를 말 수 있는 엄마와 혀를 마는 것이 안 되는 아빠 사이에 태어난 아이는 혀가 한쪽만 말리겠지? 그런 걸 본 적 있니?"

"그러니까 노란색과 녹색 완두콩이 골고루 나온다는 거죠?"

"자손은 부모의 유전자를 반씩 받으니까요."

미달과 호연이 차례로 말했다.

멘델 아저씨는 아무 말도 하지 않고 노란색 바구니와 녹색 바구니를 밀어 주었다. 미달과 호연은 깍지를 벗기고 콩을 색깔에 따라 나누었다. 노란색 바구니에 완두콩이 하나, 둘, 셋…… 계속 쌓였다. 갑자기 미달이 말했다.

"이상해."

호연도 맞장구를 쳤다.

"맞아. 이상해. 왜 노란색 콩만 계속 나오지? 녹색 콩은 하나도 없어."

"내 것도 그래. 근데 그거 말고 라인이 말이야. 라인이 좀 이상하다고."

"맞아. 많이 이상해. 되게 특별하잖아. 원래 너무 특별한 사람은 살기 피곤하대. 예수나 석가도 그랬잖아."

호연은 또 맞장구를 쳤지만 미달이 기대한 반응은 아니었다.

"라인이 그렇게 특별

하진 않다, 뭐."

"왜? 난 그렇게 특별한 애는 처음 봤어. 얼굴이면 얼굴, 운동이면 운동. 라인이 그림 그리는 것 봤어? 엄청 잘 그리더라. 공부도 잘할 것 같아. 너랑은 정말 달라. 완전 우성의 결정체지. 안 그래?"

미달도 그렇게 생각했지만 이상하게 기분이 나빴다.

"우성이면 뭘 하냐? 여기가 이상한데."

미달은 손가락으로 제 관자놀이를 톡톡 쳤다. 호연이 버럭 화를 냈다.

"야! 너 지금 하라인이 미쳤다는 소리를 하는 거야? 뒤에서 욕하는 애들이 나쁘지 왜 하라인이 나쁘냐? 너보다 훨씬 예뻐서 그래? 넌 맨날 쌍꺼풀 테이프 붙이고 살 빼려고 줄넘기 하고 돈 모아서 매직파마 하는데 하라인은 다 타고 나서? 완벽한 유전자가 죄야? 왜 뒤에서 친구 욕을 해? 그렇게 안 봤는데 진짜 실망이다."

미달이야말로 실망했다. 산부인과 신생아실부터 같이 다닌 호연이가 미달의 아픈 구석을 그렇게 콕콕 찌를 줄 몰랐다.

"욕하는 거 아니거든. 이상한 거 맞다고! 자기가 무슨 복제 인간이라잖아. 애들한테는 왜 그렇게 쌀쌀맞고? 어이구 참 나. 너도 남자라고 예쁜 애면 무조건 좋다는 거잖아. 이 변태."

"아니거든. 라인을 잘 알지도 못하면서 네가 미쳤다고 하니까 그렇지."

"내가 언제 미쳤다고 했니? 그냥 좀 이상하다고 했지."

"아, 됐어. 하라인은 이상한 게 아니라 완벽한 거야. 완전 최고로 좋은 우성 유전자의 소유자라고. 너 같은 열성이 뭐라고 할 상대가 아니거든."

"뭐, 너는 뭐 우성인 줄 알아? 진짜 완전 열성이면서. 하라인이 너 같은 애를 거들떠보기라도 할 줄 알아?"

미달과 호연은 유치한 말을 퍼부으며 큰 소리로 싸웠다. 그만하고 싶었는데도 입에서 아무 말들이 마구 쏟아져 나왔다. 옥탑방에 올라갔다 내려오던 멘델 아저씨는 아이들의 모습을 보고 기가 막혔다.

"미달아, 호연아. 중요한 작업을 하면서 왜 싸움질이야? 일을 끝냈으면 어서 녹색 완두콩이나 다오."

미달과 호연은 벌떡 일어났다. 하지만 녹색 완두콩을 줄 수는 없었다. 녹색 바구니에 콩은 한 알도 없었다. 멘델 아저씨는 빈 바구니를 보고 호통을 쳤다.

"녹색 완두콩은 어디 갔어? 먹었어? 버렸어? 요 녀석들, 설마

내 귀한 연구를 망친 거야?"

"망치긴 누가 망쳐요? 녹색 완두콩은 없었어요. 까도 까도 다 노란색 완두콩뿐이었어요. 보세요. 노란색 바구니에는 완두콩이 가득 들었잖아요."

미달은 억울했지만 멘델 아저씨는 믿어 주지 않았다. 굳은 표정으로 고개를 저었다.

"그럴 리가 없어. 너희들도 말했잖아. 노란색 완두콩과 녹색 완두콩을 수정시키면 노란색과 녹색 완두콩이 골고루 나올 거라며? 그런데 녹색은 어디 갔어? 설마 녹색 완두콩이 진짜로 하나도 안 나왔다는 거니?"

"네."

"맹세!"

미달과 호연이 동시에 소리치자 멘델 아저씨가 슬그머니 미소를 지었다.

"둘이 완전 한 편이면서 싸우긴 왜 싸웠니?"

멘델 아저씨는 두 아이를 화해시키려고 유치하게 억지를 부린 거였다. 미달과 호연은 동시에 멘델 아저씨를 흘겨보았다.

"처음부터 녹색 완두콩은 없었어. 우리가 심은 순종의 노란색 완두콩과 순종의 녹색 완두콩을 수정시키면 항상 노란색 완두콩만 나오거든. 그림으로 나타내 볼까? 한 쌍의 대립 형질이 유전되어 나타날 때는 한 가지 형질만 나타나. 그러니까 완두콩의 색깔을 나타내는 한 쌍의 대립 형질인 노란색과 녹색이 유전되어 나타날 때는 노란색만 나타나지. 이때 나타나는 형질을 우성 형질이라고 하고, 나타나지 않는 형질을 열성 형질이라고 해. **이렇게 순종의 대립 형질끼리 교배시켰을 때 우성만 나타난단다.”**

"노란색 완두콩이 우성이라고요? 그건 노란색 완두콩이 더 좋다는 뜻이죠? 맛도 더 좋은가? 가격도 더 비싸요?"

미달의 말에 멘델 아저씨가 세차게 고개를 저었다.

"그렇게 오해하면 안 돼! 우성은 더 좋거나 뛰어난 유전자가 아니고 열성이 못난 유전자가 아니야. 굳이 말하자면 우성은 적극적으로 자신을 표현하려는 성격이고 열성은 부끄럼이 많아서 숨기 좋아하는 성격이라고나 할까? 그러니까 너희도 우성이니 열성이니 하며 싸울 필요는 없어."

멘델 아저씨는 자신 있게 말했지만 호연은 고개를 갸웃거렸다.

"그래도 저는 우성이 좋아 보여요. 노란색 완두콩과 녹색 완두콩이 있으면 전 노란색 완두콩을 먹을 거예요. 초록색 음식은 싫거든요."

멘델 아저씨는 미달을 쳐다보았다.

"저는 음식 색깔은 상관없어요. 맛만 좋으면 되죠. 그런데 사람의 유전자 중에서 우성은 어떤 거예요?"

"쌍꺼풀이 있는 게 우성이지. 보조개가 있는 게 우성이고……."

"그럼 우성이 좋은 게 맞네요."

미달이 실망하자 멘델 아저씨는 재빨리 우성이 좋은 유전자가 아니라는 증거를 줄줄이 댔다.

"엄지손가락이 뒤로 많이 휘어지는 게 우성이고 손가락 마디의 털이 있는 게 우성이고 엄지발가락보다 둘째발가락이 더 긴 게 우성이야. 치매를 일으키는 알츠하이머 병 유전자도 우성이야. 단순하게 나눌 수는 없지만 대머리도 우성이라 할 수 있지."

"대머리가 우성이라고요? 그럼 우성이 좋은 게 아니에요. 전 절대로 우성이 되지 않겠어요."

호연은 주먹까지 불끈 쥐고 외쳤다. 사람의 의지대로 유전자를 고를 수 없지만 호연의 불타오르는 결심은 막을 수 없었다.

순종이라 슬픈 강아지

• 자손이 언제나 부모와 같은 형질을 나타내면 순종이다 •

컹컹컹, 이웃집 개가 짖었다. 미달과 호연은 동시에 대문 쪽으로 눈을 돌렸다. 옆집 개들은 고장 난 벨보다 정확하니까. 역시나 반쯤 열린 대문 사이로 누군가 빼꼼 얼굴을 내밀었다.

"저기……."

"하라인?"

미달은 놀라서 눈이 똥그래졌다. 하라인이 쭈뼛거리며 들어와 물었다.

"나, 너희 집 옥상에 한번 올라가 보면 안 될까?"

"그, 그래."

미달은 당황해서 이유도 묻지 못하고 고개를 끄덕였다. 라인은 통통통 옥상으로 뛰어 올라가더니 소식이 없었다. 미달과 호연은 자기네 옥상이 오르지 못할 높은 산이라도 되는 듯 쳐다만 보았다. 한참 만에 미달이 말했다.

"뭐 하는 걸까?"

호연은 고개를 저었다.

"한번 가 볼까?"

라인이 올라오지 말라고 한 것도 아닌데 미달은 발걸음을 죽이고 계단을 올랐다. 호연도 살금살금 뒤를 따랐다.

미달은 옥상 바로 밑에서 몸을 숨기고 라인을 훔쳐보았다. 라인은 옥상 가장자리에 둘러친 높은 울타리 옆을 왔다 갔다 하더니 느닷없이 옥상 울타리에 덥석 매달렸다. 컹컹컹 옆집 개가 사납게 짖었다. 하지만 라인은 아랑곳하지 않고 울타리 위로 기어 올라갔다.

'떨어지면 죽을지도 몰라. 쟤 정말 제정신이 아닌 거

아냐?'

미달은 무척 아슬아슬하고 조마조마해서 심장이 쪼그라들 것 같았다. 바로 그 순간 라인의 머리가 울타리 반대쪽으로 뚝 떨어졌다.

"안 돼!"

미달은 단숨에 뛰어가 라인의 다리를 붙잡았다. 호연도 달려와 라인의 다리를 덥석 붙잡았다. 두 아이는 라인의 다리를 한쪽씩 붙들고 울타리에서 끌어내렸다.

"아얏! 아파."

손바닥이 울타리에 쭈욱 쓸렸다. 라인은 비명을 지르며 옥상 바닥으로 떨어졌다. 호연은 얼른 라인에게서 떨어졌다. 하지만 미달은 라인의 다리를 꼭 붙들고 놓지 않았다.

"놔! 뭐야? 도대체 왜 이래?"

라인이 버둥거렸지만 미달은 라인의 다리를 붙잡은 손에 힘을 더 주었다.

"너야말로 왜 이래? 너처럼 완벽한 유전자가 뭐가 불만이라고 이런 짓을 해? 부모님께 미안하지도 않니?"

"무슨 짓? 뭐가 미안한데? 옆집 강아지에게 밥 주는 게 무슨 범죄야?"

"강아지 밥?"

미달은 즉시 라인에게서 떨어졌다. 라인은 그렇잖아도 큰 눈을 부라리며 미달을 째려보았다. 미달은 이 엉뚱한 상황을 해명하려고 애썼다.

"아니, 나는 혹시라도 네가, 아니 그러니까 뛰어내리기라도 할까 봐……, 요즘 왕따 때문에 나쁜 생각하는 애들이 많다고 해서. 아무튼 네가 힘들까 봐……."

미달은 우물쭈물하다 입을 다물었다. 염려해서 그런 건데 말을 하다 보니 네 인생은 죽고 싶을 만큼 힘들 거라고 지레짐작한 것 같았다. 다행히 라인은 미달의 말에 꼬투리를 잡지 않았다.

"너, 미쳤니? 개에게 사료를 주려고 몸을 숙인 것뿐이야. 너 때문에 왕창 흩어지고 말았다만. 이 담은 대체 왜 이렇게 높다니? 쓸데없이."

"그, 그러게. 옛날에 스파이라도 살았나? 비밀 유지에 엄청 애쓰는 담 같다. 그치? 하하, 하하!"

미달은 미안하고 민망해서 헛소리가 절로 나왔다. 담장 너머에 있는 개들을 확인한 호연도 진땀을 뻘뻘 흘리며 사과했다.

"미안해. 미달이가 소리치니까 너무 놀라서……."

라인은 호연을 잡아먹을 듯 노려보았다. 호연은 라인이 자신을 영원히 미워하기 전에 무슨 말이라도 해야 했다. 호연은 울타리 너머에 있는 개를 가리키며 실없이 웃었다.

"하하, 저 불독 진짜 귀엽다! 머리가 엄청 큰 게 완전 나랑 닮지 않았냐? 귀여운 대갈장군 형제 같지 않냐?"

호연을 째려보던 라인의 눈이 살짝 풀렸다. 라인의 화가 좀 풀린 것 같아 마음이 놓인 미달도 까치발을 들고 옆집을 내려다보았다.

"난 키가 작아서 잘 보일라나? 앗, 보인다. 안녕! 강아지야, 너도 참 못생…… 아니 귀엽구나. 하하하!"

미달은 위를 쳐다보며 사납게 짖는 개에게 손을 흔들어 주고 라인에게 물었다.

"라인아, 저기에 개가 있는 줄 어떻게 알았어?"

"사실은…… 전에 들어가 봤어. 그때 너랑 부딪힌 애가 바로 나야."

"진짜?"

미달은 황금 열쇠에 대한 오해는 따로 풀지 않아도 될 것 같아 다행이라고 생각했다.

"아줌마가 말한 동물 구조대야, 너?"

"뭐, 굳이 말하자면 그래! 여기가 강아지 공장 같아서 구조가 필요한지 미리 보러 왔었어. 그땐 열 마리 가까이 있었는데 지금은 두 마리뿐이네."

라인은 다시 울타리 밖으로 손을 뻗어 사료를 옆집 마당으로 떨어뜨렸다. 미달도 까치발을 딛고 서서 구경했다. 사료가 무사히 내려오자 사납게 짖던 개는 정신없이 사료를 핥아 먹었다. 하지만 다른 한 마리는 누운 채로 눈도 뜨지 않았다.

"저 개는 아픈가? 밥도 안 먹고. 밤중에 끙끙 앓는 소리도 나던데."

미달의 말에 라인은 한숨을 푹 쉬었다.

아프지 않은 개는 사료를 말끔히 주워 먹었다. 그러고는 아이들이 걱정하는 줄도 모르고 제 앞발을 싹싹 핥기 시작했다. 미달은 라인에게 옆집에 대해 아는 것을 모두 말해 주었다.

"옆집 아줌마는 여기 안 산대. 가끔 개만 살피러 오나 봐. 되게 쌀쌀맞더라. 나쁜 사람인가?"

"당연히 나쁘지. 동물을 돌보지 않고 방치하는 것도 학대야."

"예뻐하지도 않을 거면서 개는 왜 키울까?"

미달은 도무지 이해할 수 없었다. 하지만 호연과 라인은 알 것 같다는 듯 고개를 끄덕였다. 호연은 담장 너머로 고개를 쭉 빼고 개들을 다시 살폈다.

"정말 개를 안 보살폈어. 목줄은 너무 짧고 밥그릇은 비어 있고 물그릇도 없어. 한 마리는 진짜 아픈 것 같아. 쌕쌕 숨을 몰아쉬고 있어. 얼마 전에 새끼를 낳았나 봐. 배는 안 불렀는데 젖이 불어 있네."

호연은 꼭 수의사 같았다. 라인이 놀란 눈으로 호연을 쳐다보았다.

"그런 걸 어떻게 알아?"

"우리 아빠가 수의사거든. 옆에서 자꾸 보니까 알게 된 거야. 우린 개도 키우고 새끼도 몇 번 봤어."

"와, 아빠가 수의사면 좋겠다."

호연은 씩 웃었다. 맨날 나쁜 유전자를 물려준 아빠라고 불평했는데 이번에는 덕을 좀 본 것 같았다. 호연은 개들을 다시 한번 살펴보고 말했다.

"둘 다 순종 잉글리쉬불독이네. 혹시 그게 문젠가?"

"순종? 순종이면 엄청 비싼 개 아니야? 완전 고급 유전자?"

미달은 '순종'이라는 말을 듣고 보니 지저분하고 머리만 크다고 생각했던 개들이 고급스러워 보였다. 그때 멘델 아저씨가 옥상으로 올라오다 미달의 말을 들었다.

"뭐가 순종이야?"

"옆집 개요. 순종 무슨 불독이래요. 순종이면 고급 개잖아요. 근데 고급 개를 왜 저렇게 키울까요?"

멘델 아저씨도 울타리 너머 옆집 개를 내려다보고는 고개를 절레절레 저었다.

"미달아, 순종이라고 무조건 고급은 아니야. 순종은 특별히 좋은 유전자가 아니거든. 유전학에서 순종은 둥근 완두콩을 심으면 둥근 완두콩이 나고, 노란색 완두콩을 심으면 노란색 완두콩이 나는 개체를 말해. 자손이 언제나 부모와 같은 형질을 나타내면 순종이야."

"개나 고양이 순종은 다르지 않아요? 뭔가 순수한 혈통, 좋은 혈통을 뜻하는 게 아닌가요? 옛날 왕실에서도 순수한 왕족 핏줄을 유지하려고 왕족이나 귀족들끼리 결혼시키고 그랬잖아요. 좋은 유전자를 지키려고요."

미달은 어디선가 본 클레오파트라 이야기를 떠올렸다. 이집트의 공주였던 클레오파트라는 왕족의 순수성을 지키기 위해 남동생과 결혼했다.

"왕족이 다른 사람들보다 더 좋은 유전자라고 누가 그래?"

라인이 날카롭게 물었다. 미달은 고개를 갸웃거렸다. 그동안은 한 번도 생각해 본 적이 없는 문제였다. 하지만 막상 생각해 보니 왕족이 다른 사람들보다 특별히 더 똑똑하고 건강하고 예쁘게 태어날 이유는 없었다. 옛날에는 전쟁으로 나라를 세워 하루아침에 왕이 되기도 하고 밤사이에 왕위에서 쫓겨나기도 했는데, 그건 다 유전자와는 상관없는 일이었다.

"세상에 순수한 혈통, 좋은 혈통은 없단다. 클레오파트라처럼 가까운 친척들끼리 결혼을 하면 자손들은 점점 몸이 약해지거나 유전병에 걸리기 쉬워. 그래서 동물의 경우 어른 수컷은 무리를 떠나 다른 무리의 암컷을 만나지. 옛날 원시 부족들도 대부분 다른 부족에서 짝을 찾았단다."

멘델 아저씨의 설명에 고개를 끄덕이던 미달이 다시 물었다.

"그런데 왜 순종 강아지가 비싸요? 다들 순종을 키우려고 하잖아요."

호연은 미달에게 옆집 개를 자세히 살펴보라고 했다.

"저 개는 순종 잉글리쉬불독이야. 머리가 엄청 크지? 아래턱은 너무 튀어나왔고 다리도 짧아. 사람들이 순종 잉글리쉬불독은 저렇게 생겨야 예쁘다고 정해 놓고 만든 외모야. 머리가 큰 종자라면 형제이던 친척이던 상관없이 교배를 시켜 점점 더 잉글리쉬불독의 머리를 크게, 다리를 짧게 만들었지. 결국 잉글리쉬불독은 건강이 아주 나빠졌어. 자연스럽게 새끼도 낳을 수 없게 되었어. 아마 저 개도 제왕절개 수술을 했을 거야. 그러다 어딘가 잘못된 것 같아."

"세상에! 그럼 저 개는 자손을 퍼트릴 수 없어서 멸종하는 거 아니야?"

"자연 상태에 두었다면 잉글리쉬불독은 아마 멸종되었을 거야. 아니, 자연 상태라면 그렇게 부자연스러운 개들은 태어나지 않았을 거야."

"너무 불쌍하다."

미달은 한숨을 푹 쉬었다.

"그래서 내가 멍멍이 구조단에 든 거야. 얘들아. 우리가 저 개들을 구출할까? 몰래 데리고 나와서 좋은 곳으로 보내 주는 거야."

라인이 주먹을 불끈 쥐고 말했다. 미달과 호연은 깜짝 놀라 소리쳤다.

"훔치자고?"

"말도 안 돼!"

아이들은 동시에 멘델 아저씨를 쳐다보았다.

"음, 너희 마음은 알겠다만 다른 좋은 방법이 있을 거야. 더 생각해 보자."

멘델 아저씨의 말에 라인은 입을 꾹 다물었다.

멍멍이 구출 작전
• 열성 유전자는 사라지지 않는다 •

라인은 이제 혼자가 아니었다. 학교가 끝나자마자 키가 작고 반달눈이 상냥해 보이는 여자 어린이와 덩치는 크지만 귀여운 곰돌이 같은 남자 어린이와 함께 버스 정류장으로 뛰어갔다. 세 아이는 숨을 헐떡거리며 완두콩 농장으로 달려가 가방을 마당에 던져 놓고 옥상에 올라갔다.

물만 주면 무럭무럭 자라는 완두콩보다 옆집의 개들에게 훨씬 더 관심을 기울였다. 하루에도 몇 번씩 옥상에 올라가 옆집 개들을 살펴보고, 밧줄에 물통을 연결해 신선한 물과 사료도 내려 주었다. 혹시나 옆집 대문이 열렸나 하고 자주 나가 보기도 했다.

며칠 뒤 철컹철컹 철 대문이 열리는 소리가 났다. 아이들은 누가 먼저랄 것도 없이 밖으로 뛰어나갔다. 개가 있는 옆집 대문이 열려 있었다.

"깨갱, 깨갱, 깨갱."

자지러지는 개 울음소리도 들렸다. 라인은 겁도 없이 남의 집으로 뛰어 들어갔다. 호연과 미달도 함께 뛰어들 수밖에 없었다.

옆집 아줌마가 마당에 서 있었다. 아줌마가 아픈 불독을 발로 툭툭 건드려서 깨갱깨갱 개가 고통스러운 비명을 지른 것이었다.

"아줌마, 왜 아픈 개를 괴롭히고 그래요?"

개 주인은 눈을 휘둥그레 뜨고 아이들을 쳐다보았다.

"너희는 누구냐? 왜 남의 집에 말도 없이 들어오니?"

"아줌마가 개를 괴롭히니까 그렇죠."

"괴롭히긴 누가 괴롭혀? 상태가 어떤지 한 번 본 건데. 니들이 남의 개한테 왜 참견이야?"

"아픈지 보기만 하면 어떡해요? 여기 살지도 않은 건 개를 버려 두는 거랑 마찬가지예요. 게다가 이 개는 딱 봐도 아파 보이잖아요. 개를 이렇게 방치하면 동물 학대죄로 걸리는 거 몰라요? 신고할 거예요."

라인은 매섭게 말했다.

"신고? 내가 뭘, 나는 그냥 개밥 주러 온 거야. 우리 집이 아파트라 못 키워서……."

아줌마는 느닷없는 상황에 당황해 말을 더듬다가 미달을 알아보고 말했다.

"넌 옆집 애 아니냐? 네가 물이랑 사료 줬니? 내 개는 내가 알아서 할 테니까 신경 쓰지 마. 학대는 무슨! 애들이 뭘 안다고……. 암튼 당장 나가. 나가, 나가!"

아줌마는 신경질을 내며 아이들을 집 밖으로 내쫓았다. 라인은 쫓겨나면서도 기죽지 않고 끝까지 소리쳤다.

"우리가 지켜볼 거예요! 개들을 계속 방치하면 진짜로 신고할 거라고요! 정말이에요."

아이들은 쪼르르 옥상으로 올라가 옆집을 내려다보았다. 개 주인은 아프지 않은 개 앞에다 사료를 조금 놓고는 금세 가 버렸다. 미달이 투덜거렸다.

"뭐야? 왜 차별해? 아픈 개는 왜 밥도 안 줘?"

"진짜 나쁜 사람인가 봐."

호연도 이마를 찌푸렸다.

"구출해야 해. 그냥 두면 안 돼! "

라인이 딱 잘라 말했다. 이번에는 미달과 호연도 무작정 반대할 수 없었다. '남의 개'를 합법적으로 구출할 방법을 찾아내야만 했다.

아이들은 날마다 '남의 개' 문제를 해결할 방법을 고민했다. 하지만 마땅한 방법이 없었다. 주말 내내 고민한 끝에 미달은 한 가지 방법을 찾았다. 사실은 맨 처음에 생각했던 방법이었지만 치러야 할 돈이 아까워서 말을 못 했다.

'돈은 또 벌면 되니까. 어차피 쌍꺼풀 수술은 더 커야 할 수 있잖아.'

마음을 다잡았지만 미달은 잠을 설쳤다.

"늦었다. 너무 늦었어."

월요일 아침 미달은 아홉 시가 넘어서 일어나고 말았다. 엄마는 의리 없이 벌써 출근을 해 버렸다. 미달은 통장과 가진 돈을 몽땅 가방에 넣고 서둘러 집을 나섰다. 그런데 대문 앞에 호연과 라인이 서 있었다. 두 사람은 미달을 보고 깜짝 놀랐다.

"아직, 학교 안 갔어?"

호연이 물었다. 미달이 먼저 묻고 싶은 말이었다.

"너희들은 왜 학교 안 가고 여기 있어?"

호연과 라인은 기다란 사다리를 뒤로 숨겼다. 호연의 큰 덩치로도 절대 숨길 수 없는 아주 긴 사다리였다.

"설마…… 아니지?"

미달은 사다리와 친구들을 번갈아 쳐다보며 물었다. 라인이 굳은 얼굴로 대답했다.

"맞아. 우린 저 개들을 구출할 거야. 너희 집 옥상에서 사다리를 타고 내려갈 거야."

"안 돼!"

미달은 호연과 라인에게 밤새 생각해 낸 합법적인 방법을 이야기했다.

"훔치는 건 안 돼. 나쁜 짓이잖아. 결국 들킬 거고 우린 엄청 혼날 거야. 그러지 말고 우리가 저 개들을 사자. 인터넷에서 찾아보니까 가격이 비싸긴 한데 나 돈 많아. 쌍꺼풀 수술 하려고 모아둔 거……."

"너, 쌍꺼풀은 어쩌려고? 진짜 오래전부터 모았잖아."

호연이가 놀라서 물었다. 미달은 고개를 저었다.

"지금 쌍꺼풀이 문제야? 아픈 개 목숨이 왔다 갔다 하는

데……."

미달은 친구들이 당연히 찬성할 줄 알았다. 하지만 라인이 반대를 했다.

"안 돼. 시간이 없어! 더 놔두면 아픈 개가 죽을 지도 몰라."

미달은 호연을 바라보았다. 힘센 호연이 안 된다고 하면 이 계획은 실행할 수 없다. 호연은 입술을 질근질근 씹으며 고민하다가 고개를 저었다.

"시간이 없는 건 맞아. 비켜 줘, 미달아."

미달은 온몸에서 힘이 쑥 빠졌다. 무슨 말로 이 무모한 계획을 멈출 수 있을까?

"우리 집에서 도둑질……, 아니 남의 개를 구출하면 엄마가 난리칠 거야. 내가 이를 테니까."

엄마는 벌써 출근했다. 멘델 아저씨도 아침 일찍 나가고 없었다. 아이들을 말려 줄 어른은 한 명도 없었다. 결국 라인과 호연은 사다리를 들고 미달의 집으로 들어가 완두콩 비닐하우스를 지나 계단을 통해 옥상으로 올라갔다. 미달은 대문 앞에서 바들바들 떨며 주위를 둘러보았다. 다행히 개 주인은 보이지 않았다.

"뭐야? 지금 나, 망보고 있는 거야? 아니잖아, 이건."

말은 그렇게 하면서도 미달은 개 주인이 나타나지 않는지 몇 번이나 확인한 다음 아이들을 쫓아 옥상으로 올라갔다. 호연과 라인은 벌써 옆집으로 사다리를 내리고 있었다. 사다리는 조금 짧았지만 호연이 울타리 너머로 몸을 깊숙이 숙이고 내리자 옆집 마당에 끝이 닿았다.

"좀 불안한데?"

"괜찮을 거야. 네가 잡아 주면 내가 먼저 내려가서 사다리를 안정적으로 세울게."

호연과 라인은 손발이 척척 맞았다. 라인이 먼저 사다리를 타고 옆집 마당으로 내려갔다.

"조심해!"

미달이 소리쳤다. 호연이 사다리를 꼭 잡았지만 그래도 아슬아슬해서 눈을 뜨고 볼 수가 없었다. 조금 뒤 옆집 마당에서 라인의 밝은 목소리가 들렸다.

"됐어, 성공! 내려와!"

곧이어 호연도 옆집으로 내려갔다. 아프지 않은 개가 컹컹컹 짖었다.

"괜찮아. 우리가 구해 줄게."

라인은 앉은걸음으로 살살 아픈 개에게 다가갔다. 낯선 손길이 닿는데도 개는 눈만 살짝 떴다 감을 뿐 짖지도 울지도 않았

다. 쌕쌕 겨우 숨만 쉬었다.

"진짜 많이 아픈가 봐."

호연은 아픈 개의 목줄을 풀고 안았다. 하지만 한 손으로 불독을 안고 사다리를 오를 수는 없었다. 개의 덩치가 너무 커서 위험했다. 옥상 위에서 미달이 소리쳤다.

"어떻게 올라올 거야? 큰 가방 같은 거라도 찾아올까?"

"필요 없어. 다시 안 올라가. 우린 대문으로 나갈 거야!"

라인은 마치 개 주인처럼 안 아픈 개의 목줄을 잡고 당당하게 대문을 열고 밖으로 나왔다. 호연은 아픈 개를 안고 죄를 지은 사람처럼 두리번거리면 대문을 나섰다. 미달도 자기 집 대문을 활짝 열고 나왔다.

"얼른 들어와. 누가 보기 전에!"

라인이 고개를 저었다.

"안 돼. 여기에 있다가는 개 주인한테 금방 들킬 거야. 멀리 가야 해."

"어디로?"

호연은 개가 무거워서 어쩔 줄 몰랐다.

"일단 가."

라인은 무작정 앞으로 걸었다. 미달은 다시 집으로 들어가 농장에서 쓰는 한 발 손수레를 밀고 나왔다.

"호연아, 아픈 개를 여기 내려 놔. 그게 더 편할 거야."

호연이는 조심조심 아픈 개를 손수레에 뉘였다. 담요를 두 장이나 깔았지만 개는 끄응 신음을 냈다.

"우리 개인 척하는 거야. 산책하는 척해."

라인은 친구들에게 단단히 주의를 주고는 큰 소리로 방금 개에게 지어 준 이름을 부르며 걸었다. 다행히 개는 얌전히 라인을 따라왔다.

"덩치야, 덩치야! 누나랑 산책하니까 좋지?"

온 동네 사람들이 다 쳐다볼 만큼 쩌렁쩌렁한 목소리였다. 호연은 불안한 눈빛으로 주위를 두리번거리며 중얼거렸다.

"어릴 때 친구 집에서 구슬을 몰래 가져온 적은 있었지만 이렇게 큰 걸 훔쳐 보긴 처음이야."

당황해서인지 호연은 발을 헛디뎌 발목을 삐었다. 호연이 절룩거릴 때마다 한 발 수레는 휘청거렸고 아픈 개는 끙끙 앓았다. 미달은 입술을 바들바들 떨며 수레 앞부분을 붙잡았다.

"나는 지우개 하나도 훔쳐 본 적이 없어."

씩씩하게 곧장 앞으로 가던 라인이 갑자기 뒤를 돌았다. 그렇잖아도 하얀 라인의 얼굴이 새하얗게 질려 있었다.

"이, 이제, 우리 어디로 가지?"

라인의 목소리가 덜덜 떨렸다. 호연과 미달은 심장이 덜컹 내려앉는 것 같았다. 사실 라인만 믿고 저지른 일이었다. 라인은 이렇게 엄청난 일을 벌려도 아무렇지 않게 알아서 잘 수습할 줄 알았다. 그런데 잔뜩 겁에 질린 라인을 보자 미달과 호연의 무모한 용기는 싹 사라져 버렸다.

"얘들아, 학교가 벌써 끝났어?"

골목 끝에서 멘델 아저씨가 나타났다. 아이들은 일제히 멘델 아저씨를 쳐다봤다. 아이들은 누가 봐도 잘못을 하고 겁먹은 표정이었다.

"무슨 일이니? 왜 그래? 이 개는……."

아무도 대답을 하지 않았지만 멘델 아저씨는 금세 상황을 눈치챘다.

"어쩌려고?"

"모, 몰라요. 그렇지만 개는 못 돌려줘요."

라인이 아래턱을 덜덜 떨면서 말했다.

멘델 아저씨는 호연이 끌던 수레를 대신 끌고 앞장을 섰다. 아이들은 고개를 푹 숙인 채 멘델 아저씨를 쫓아갔다.

멘델 아저씨가 도착한 곳은 동물병원이었다. 하필이면 호연이 아빠가 하는 동물병원! 호연은 뒷걸음질을 쳤다.

"전, 여기 못 들어가요. 우리 아빠한테 죽어요."

호연은 멘델 아저씨가 뭐라고 말하기도 전에 냅다 도망쳐 버렸다. 그동안 나쁜 유전자만 물려줬다고 아빠한테 부린 심술이 얼

만데 훔친 개를 데리고 갈 수는 없었다. 달아나는 호연을 보고 미달과 라인도 덜컥 겁이 났다.

멘델 아저씨가 동물병원으로 한 발짝 들어서자 미달과 라인은 개만 안으로 집어넣고 도망쳤다. 어디로 가는 줄도 모르고 마구 달리다 보니 어느새 학교 앞이었다. 수업이 시작된 지 한참 지났다. 라인은 미달을 쳐다보며 물었다.

"어떡하지?"

"오늘은…… 그냥 집에 갈까?"

미달은 마음이 너무 뒤숭숭해서 수업에 집중할 수 없을 것 같았다. 아니, 교실에 그냥 가만히 앉아 있을 자신도 없었다. 미달은 뒤돌아서 터벅터벅 걸었다. 라인이 쫓아오며 물었다.

"어디 가? 우리 혼나겠지?"

"응. 개를 훔친 것도 모자라 결석까지 했으니까. 우리 엄마는 나를 잡아먹으려고 할 거야."

"우리 엄마는 그렇지는 않을 거야. 엄마는 나, 잘 안 혼내. 친엄마가 아니라 그런 게 아니야. 어릴 적엔 혼을 잘 냈다고! 지금은 내가 하도 험한 꼴을 많이 당해서 불쌍해서 그러지."

"누가 뭐래?"

미달은 일부러 부루퉁하게 대답했다. 둘은 버스를 타지 않고 말없이 집으로 걸어갔다. 꼭 집에 가자고 한 건 아닌데 발걸음이 저절로 집으로 향했다. 집 근처 골목으로 들어설 때 라인이 말했다.

"미달아, 내가 왜 방송에서 입양아라고 했는지 궁금하지 않아?"

"궁금하지."

미달이 냉큼 대답하자 라인은 슬쩍 미달을 흘겨보았다.

"반항 중이었거든. 우리 엄마가 친엄마가 아니라는 걸 그때 알아서……. 우리 엄마는 A형이고 아빠는 B형인데 나는 O형인 거 있지! 엄마 아빠의 친딸이 아니라는 걸 처음 알았을 때 얼마나 놀랐는지 심장이 몸 밖으로 빠져나가는 줄 알았어. 그땐 우리 엄마 아빠가 얼마나 미웠는지 몰라. 그래서 막 반항했지. 부모님이랑 말도 안 하고 맨날 화내고……."

가만히 듣고 있던 미달이 조심스럽게 물었다.

"그런데 왜 키워 준 엄마 아빠가 미웠어?"

"그러게. 내가 바보였나 봐. 친엄마는 없으니까 미워할 수가 없어서 그런 것 같아. 우리 엄마는 옆에 있으니까 막 미워하고 투정한 거지. 엄마 아빠가 그때 내 심술 다 받아 줬는데 그게 또 마음에 안 든 거야. 그래서 부모님이 왕창 속상하라고 방송에서 입양아라고 말하고 소은이 우리 언니였음 좋겠다고 말한 거야. 그래서 벌 받았지! 근데 진짜 웃긴 게 뭔 줄 알아? A형과 B형 사이에서 O형이 태어날 수 있다는 거야. 난 정말 바보같이 오해하고 있었던 거야. 나 때문에 다른 사람도 오해하고 있지만 언젠가 모두에게 진실이 알려지겠지."

미달은 위로할 말을 찾기 위해 머릿속을 막 뒤졌지만 아무 말도 할 수 없었다. 그래서 그냥 라인의 손을 꼭 잡았다.

두 친구는 터벅터벅 완두콩 농장으로 돌아왔다. 대문 앞에 호연이가 앉아 있었다.

"너도 갈 데가 없었어?"

"응."

호연이가 머리를 긁적이며 웃었다. 아이들은 완두콩 텃밭으로 들어갔다. 비닐하우스는 따뜻하고 아늑했다. 아이들은 조용히 앉아 쌓여 있는 콩깍지를 바라보았다. 호연이 물었다.

"저거, 언제 딴 거야?"

"어젠가? 노란색 완두콩이랑 녹색 완두콩을 수정시켜서 나온 노란색 완두콩 있잖아, 우성 완두콩. 그걸 다시 심자 나온 거야."

"그럼 무슨 색 완두콩이 나올까?"

호연과 미달의 눈이 반짝 빛났다. 두 아이는 갑자기 콩깍지를 까기 시작했다.

"노란색, 노란색, 노란색……."

"나도 노란색, 노란색, 역시 노란색인가?"

"뭐 하는 거야? 나도 좀 알자, 응?"

라인이 두 친구를 흘겨보며 물었지만 호연과 미달은 콩깍지만 깠다.

"뭔지 몰라도 나도 까 볼래."

라인도 콩깍지를 덥석 부러뜨렸다. 작은 콩 네 알이 또르르 떨어졌다.

"내건 녹색인데?"

"어디 어디?"

미달과 호연이 달려들어 확인했다. 정말로 녹색 완두콩이었다.

"녹색도 나오는구나. 영영 없어진 줄 알았어."

미달이 중얼거렸다. 멘델 아저씨가 비닐하우스 문을 살그머니 열고 들어왔다.

"세상에 한 번 나온 건 뭐든지 쉽게 사라지지 않아. 그게 열성 유전자든 비밀이든 말이야. 숨어 있다가도 결국 나타나지."

아이들은 쭈뼛거리며 서로 눈치만 봤다. 어떻게 된 일인지 설명부터 할까? 도망가서 미안하다고 사과부터 할까? 앞으로 어떻

게 할지 의논을 할까……? 머릿속이 복잡했다. 하지만 멘델 아저씨는 '옆집 개 구조 사건'에 관해 한 마디도 하지 않고 자리에 앉았다.

"아이고, 일손이 많이 필요했는데 잘됐다. 오늘 이걸 다 까서 색깔별로 나눌 거거든. 함께 시작해 볼까?"

아이들은 아늑한 비닐하우스 안에서 한 마디 말도 없이 콩을 깠다. 바닥에 쌓인 콩깍지를 깐다, 노란색 콩이면 노란색 바구니에 던진다, 녹색 콩이면 녹색 바구니에 던진다. 단순한 일을 되풀이하는 동안 아이들의 마음이 조금씩 가라앉았다. 남의 개를 몰래 구출

시켰다는 사실은 그대로지만 그 일이 옳은 결정이라고 믿기에 책임도 피하지 않겠다는 용기가 생겼다.

"다 나눴으면 숫자를 한 번 세어 볼까?"

미달은 노란색 콩을 세고 호연은 녹색 콩을 셌다. 그런데 호연이 녹색 콩을 다 센 다음에도 미달은 한참 동안 노란 콩을 세야 했다. 노란색 콩이 훨씬 많았기 때문이었다.

"노란색 콩은 6022개, 녹색 콩은 2001개예요."

멘델 아저씨는 바닥에 완두콩의 숫자를 적었다.

"전체 완두콩은 8023개. 그중 노란색 완두콩은 6022, 녹색 완두콩은 2001개. 노란색 완두콩과 녹색 완두콩의 비율은 6022:2001, 간단하게 나타내면 노란색 완두콩과 녹색 완두콩의 비는 대략 3:1 이구나."

멘델 아저씨는 고개를 끄덕였다.

내 것은 녹색인데…

하지만 아이들은 그 숫자가 무슨 의미가 있는지 알 수 없었다.

"유전에는 특별한 법칙이 있다고 했었지? 맨 처음 노란색 완두콩과 녹색 완두콩을 교배시키자 노란색 완두콩만 나왔어. 완두콩의 색깔 중 노란색은 우성, 녹색은 열성이라 첫 번째 자손은 우성인 노란색만 나온 거야. 그런데 이렇게 나온 우성 노란색 완두콩끼리 교배시키면 우성인 노란색 완두콩과 열성인 녹색 완두콩이 3:1의 비율로 나오지. **열성 유전자는 사라지지 않아.** 첫 번째 자손인 노란색 완두콩은 부모로부터 각각 노란색 유전자와 녹색 유전자를 하나씩 받았고, 우성인 노란색이 표현된 거야. 이때 열성인 녹색 유전자가 사라지지 않고 분리되어 두 번째 자손에게 전달되는 현상을 분리의 법칙이라고 한단다. 분리의 법칙의 결과 우성 형질과 열성 형질이 3:1의 비율로 나타나게 될 거란다."

"열성 유전자가 영영 사라진 줄 알았는데 숨어 있다가 손자 대에 나타난 거네요!"

"맞아! 진실도 그렇단다, 애들아. 아무리 숨기려 해도 결국은 드러나지."

멘델 아저씨의 말에 아이들은 약속이나 한 듯 고개를 숙였다.

"오늘 밤에 부모님께 말 할게요."

"그리고 어떻게 책임질지 의논할게요."

"죄송해요. 그렇게 도망가 버려서."

멘델 아저씨는 아이들을 혼내는 대신 완두콩을 한 봉지씩 담아 주었다.

그날 밤 아이들은 따뜻하고 고소한 완두콩 밥을 먹으며 부모님께 겪은 일을 털어놓았다.

마음도 유전이 될까?
• 각각의 대립 형질은 독립적으로 유전된다 •

멍멍이 구출 작전의 주인공들이 '따뜻한 동물병원'에 모였다. 아이들은 멘델 아저씨가 커다란 검은 우산이라도 되는 것처럼 곁에 옹기종기 붙어 앉았다. 동물병원에서 키우는 개 하양이까지 멘델 아저씨에게 매달려 안아 달라고 야단이었다.

진찰실에서 나오던 호연 아빠가 그 모습을 보고 너털웃음을 터트렸다.

"용감한 동물 구조단이 왜 이렇게 움츠러들었어? 괜찮아. 가슴을 쫙 펴!"

"정말 괜찮아요? 아저씨, 우리 안 혼내요?"

미달이 조심스럽게 물었다. 호연 아빠는 달콤하고 시원한 코코아를 한 잔씩 내주며 말했다.

"물론 너희는 부모님 몰래 위험한 행동을 했어. 그건 부모님께 사과 드려야 해. 개 주인에게도 사과하고 용서를 받아야지. 하지만 옳다고 생각한 일을 용기 있게 한 것에 대해서는 사과하지 않아도 돼. 난 그렇게 생각해."

아이들은 서로 눈빛을 주고받았다. 잘했다는 것인지 잘못했다는 것인지 명확히 알 수 없어서였다. 어쨌거나 호연 아빠의 말은 아이들에게 큰 힘이 되었다.

"개들은 어때요?"

라인의 물음에 호연 아빠의 표정이 조금 굳어졌다.

"음, 아저씨가 최선을 다해 돌보고 있단다. 이따가 자세히 얘기해 줄게."

갑자기 하양이가 왕왕 짖으며 문으로 달려갔다. 곧바로 동물병원의 문이 벌컥 열렸다. 아이들은 깜짝 놀라 소리를 질렀다.

"꺅!"

"어떡해!"

강아지를 안고 들어오던 아저씨가 깜짝 놀라 쳐다보았다.

"죄송합니다."

아이들은 꾸벅 고개를 숙이고는 저희들끼리 키득거렸다. 호연 아빠가 장난스럽게 눈을 흘기며 말했다.

"개 주인인 줄 알았지? 아이고! 너희 죄 짓고는 못 살겠지?"

아이들은 고개를 끄덕이며 또 낄낄 웃었다. 호연 아빠도 따라 웃으며 개를 치료하기 위해 진찰실로 들어갔다. 라인은 호연 아빠의 뒷모습을 쳐다보며 말했다.

"너희 아빠 되게 멋지다."

"정말 멋지구나! 호연이는 좋겠다!"

멘델 아저씨도 덧붙였다.

"뭐가 멋있어요? 대머린데."

호연은 머쓱해서 일부러 아빠를 깎아내렸다. 하지만 라인은 눈까지 동그랗게 뜨며 반박했다.

"대머리가 뭐 어때서? 난 대머리 괜찮은데!"

"그지? 나도 대머리인 게 별로 상관없는데 호연이는 대머리가 일생일대의 고민이란다."

미달이 호연을 놀리듯 말했다. 호연은 약이 올라서 미달의 열등감도 공개해 버렸다.

"쳇, 그러는 너는 왜 쌍꺼풀에 목숨 거냐?"

이번에는 미달이 호연을 매섭게 노려보았다. 라인은 두 손을 번쩍 들어 두 친구들을 진정시켰다.

"워, 워. 그만! 얘들아, 내가 연예계에 잠깐 몸담으면서 뼈아프게 배운 걸 하나 가르쳐 줄게. 예쁜 외모는 별 게 아니야. 예쁘다고 행복한 것도 아니고 예쁘다고 사랑받지도 않아. 나는 딱 미달이 너처럼 생겼으면 좋겠어. 상냥해 보이는 인상! 딱 내 이상형이야. 미달이 네 반달눈은 크면 클수록 더 빛을 발할 거야."

"뭐, 나도 내 눈이 아주 불만은 아니야. 쌍꺼풀이 있음 더 낫겠다는 거지. 하하하!"

미달은 얼굴이 발개졌다. 라인처럼 예쁜 애의 이상형이 바로 자신이라니, 위로 차원에서 한 말이라도 용기가 났다. 라인은 호연을 보며 말을 이었다.

"외모가 멋진 사람은 그냥 텔레비전에서 보면 돼. 촌스럽게 들릴지 몰라도 중요한 건 마음, 성격, 인간성, 이런 거야. 호연이는 아빠를 닮아서 인간성이 좋은 것 같아. 나도 그런 걸 물려받았으면 좋았을걸. 만약 좋은 인간성과 대머리 유전자를 함께 물려받아야 한다면? 난 당연히 세트로 물려받을 거야."

이번에는 호연의 얼굴이 빨개졌다. 솔직히 대머리와 함께 물려받아야 한다면 좋은 인간성이고 좋은 머리고 다 받고 싶지 않았다. 그래도 라인이 괜찮다면 고민해 볼 여지는 있었다.

호연은 다시 고개를 절레절레 흔들었다.

"음, 다들 아무리 괜찮다고 해도 난 아직 대머리를 받아들일 수 없어. 아빠처럼 성격이 좋고 싶긴 한데, 세트로 받아야 한다면 좋은 성격도 사양하고 싶어. 하지만 성격이라도 좋아야 할 것 같기도 하고……."

멘델 아저씨는 고민하는 호연에게 완두콩 네 알을 보여주었다.

"얘들아, 이 콩을 좀 보렴. 내가 완두콩에서 발견한 유전 법칙이 하나 더 있단다. 두 가지 이상의 대립 형질이 유전될 때 각각의 대립 형질은 묶여서 유전되는 게 아니라 독립적으로 따로따로 유전된다는 거야. 이것을 독립의 법칙이라고 해. 모양이 둥글고 노란색인 완두콩과 주름지고 녹색인 완두콩을 심으면 노랗고 둥근 완두콩, 노랗고 주름진 완두콩, 녹색의 둥근 완두콩, 녹색의 주름진 완두콩이 골고루 나온단다. 모양 형질과 색깔 형질이 서로 섞이지 않고 독립적으로 유전되기 때문이야. 그러니까 호연이 네 아빠의 대머리와 성격도 각각 독립적으로 유전될 거야. 물론 대머리와 성격이 대립 유전자는 아니야. 성격이 꼭 유전자로 전해지는 것은 아니다만 좋은 쪽으로 생각하자 이거지!"

아이들은 엉터리 같으면서도 이상하게 설득력 있는 멘델 아저씨의 설명에 빠져 들었다. 그런데 갑자기 또 동물병원의 문이 열렸다.

"꺅!"

아이들은 또 소리를 질렀다. 다행히 이번에도 개 주인은 아니었다. 라인의 부모님이었다.

"라인아, 괜찮니? 아직…… 안 오셨니?"

"당연히 괜찮지. 멍멍이 주인아줌마는 아직 안 왔어. 영영 안 왔으면 좋겠다."

"어휴, 내가 너 때문에 하루 새 폭삭 늙었어."

라인 엄마가 라인의 어깨를 찰싹, 안 아프게 때리며 말했다. 라인은 엄마 손을 살짝 잡으며 투정을 부렸다.

"뭐, 하나도 안 늙었으면서."

미달은 라인과 부모님의 다정한 대화를 멍하니 바라보았다. 라인의 가족은 서로 외모는 안 닮았지만 어딘가 분위기가 닮아 보였다. 드라마에 나오는 행복한 가족처럼 말씨가 부드럽고 표정이 상냥했다.

'우리 엄마 같으면 으이구, 너 때문에 회사도 빼먹었잖아! 이번 달 용돈은 반만 줄 거야! 막 이렇게 소리쳤을 텐데.'

미달은 자신을 구박하는 엄마를 상상하다가 그런 엄마랑 사니까 재미는 있다는 생각이 들어서 빙그레 웃었다. 그때 동물병원의 문이 또 열렸다. 미달이도 다른 아이들도 당연히 미달의 엄마가 온 줄 알았다. 그런데 이번에는 진짜 개 주인 아줌마였다. 아이들은 놀라서 펄쩍 일어났다. 라인의 엄마 아빠는 양쪽에서 라인의 어깨를 안았다.

"아유, 개를 훔쳐 간 애들이 찾아와야지 왜 잘못 없는 사람을

여기까지 오라 가라 하고……."

아줌마가 투덜거리며 들어오자 멘델 아저씨가 얼른 앞으로 나갔다. 멘델 아저씨는 아주머니에게 연락해 그동안 일어난 일을 설명해 두었다.

아이들은 쭈뼛쭈뼛 앞으로 나섰다. 개를 방치한 아줌마가 미웠지만 그래도 개를 훔친 일은 사과해야 했다.

"죄송합니다."

"그래. 죄송하지. 정말 요즘 애들은 왜 이런다니? 내가 그렇게 남의 일에 신경 쓰지 말라고 했는데……."

아줌마가 더 화를 내기 전에 멘델 아저씨가 나섰다.

"아주머니, 우리는 이 문제를 평화롭게 해결하려고 모였어요. 개들의 상태부터 들어보는 게 어떨까요?"

멘델 아저씨가 눈짓을 하자 호연 아빠가 설명을 시작했다.

"아이들이 데려온 개는 순종이라 불리는 잉글리쉬불독 두 마리였어요. 한 마리는 상태가 위중했고, 한 마리는 건강에는 큰 문제가 없지만 전혀 관리가 되지 않은 상태였어요. 위중한 아이는 지금 수술을 하고 회복실에 있어요."

"무슨 소리예요? 건강하던 애가 갑자기 수술을 해요? 애들이 뭘 잘못했나 보네. 건강하게 새끼 낳은 지 얼마 되지도 않았는데!"

개 주인 아줌마는 펄쩍 뛰었다. 호연 아빠의 작은 눈이 매섭게 빛났다.

"건강하지 않았습니다. 더 잘 아실 텐데요. 원하시면 확인하실 수 있는 증거 자료를 얼마든지 드리지요."

"증거……. 아니, 그게……."

아줌마는 뭐라고 따지려다 물러났다.

"아, 알았어요. 알았어. 새끼 팔려고 키운 개인데 이젠 너무 늙어서 안 그래도 필요 없었어. 수의사시면 잘 아시겠네. 모두 내 탓은 아닌 거. 훔친 개들은 돌려주지 말고 알아서 키워요. 난 바빠서 얼른 가 봐야 하니까."

멘델 아저씨가 아줌마에게 잉글리쉬불독 두 마리의 값을 치렀다. 아이들이 모아서 준 돈이었다.

"다시는 귀한 생명을 함부로 다루지 않길 바랍니다. 멍멍이 구조대는 어디에나 있습니다."

멘델 아저씨가 엄하게 말하자 개 주인 아줌마는 도망치듯 동물병원을 빠져나갔다. 개를 한번 보겠다는 말은 끝까지 없었다.

"사랑하지 않았나 봐."

미달이 중얼거렸다.

"나쁜 주인이야. 돈만 생각하고 키웠어."

라인도 주먹을 불끈 쥐고 말했다. 호연은 라인을 쳐다보았다. 라인에게 달린 악플 중에서 '입양한 딸을 이용해 돈을 벌려 했다.'는 몹쓸 말도 있었다. 하지만 라인과 부모님을 직접 본 사람을 그런 말을 못 할 것 같았다. 라인을 안아 주고 머리에 뽀뽀를 해 주고 한달음에 여기까지 달려와 걱정하는 모습은 그냥 부모님이었다. 유전자를 전해 준 친부모든 가슴으로 낳은 양부모든 그런 건 아무 의미가 없었다. 라인의 가족을 쳐다보는 호연의 머리를 호연 아빠가 쓰다듬었다. 호연은 괜히 코끝이 시큰해졌다.

"우리 엄마는 왜 안 와? 아저씨, 우리 엄마도 온다고 하지 않았어요?"

미달이 뭉클해지는 분위기를 톡 깼다. 곧바로 문이 홱 열리며 미달의 엄마가 뛰어 들어왔다.

"엄마. 왜 이렇게 늦었어? 나쁜 개 주인한테 내가 당하면 어쩌려고!"

"당하기는 뭘! 잘못한 건 사과하고 책임질 건 책임지고 따질 건 따져야지! 아유, 힘들다. 너, 엄마가 얼마나 힘들게 왔는지 알아? 무슨 회사가 자식에게 중요한 일이 있다는데도 조퇴를 안 시켜 주고! 너무 화가 나서 때려치웠다. 적성에도 안 맞았는데 잘 됐지, 뭐!"

"엄마! 회사를 그만두면 어떡해! 우린 뭐 먹고 살라고."

"산 입에 거미줄 치겠니? 오히려 잘됐어. 적성에 안 맞는 일을 하면서 괴로워하느니 좀 쉬면서 내게 맞는 일을 찾아봐야겠어."

미달 엄마는 긍정 유전자 덕분인지 걱정이 없어 보였다. 하지만 미달은 기가 막혔다.

"엄마! 지금 나이가 몇인데 아직도 적성 타령이야? 안 맞아도 좀 참아야지. 엄만 엄마의 책임을 다해야 한다고!"

"얘는, 엄마 인생이 앞으로도 얼마나 많이 남았는데 책임만 찾고 있니? 아무튼 너는 엄마처럼 늦게까지 방황하지 않으려면 어릴 때 네가 좋아하는 일이 뭔지 잘 찾아야 해. 생기지도 않을 쌍꺼풀 같은 데 목숨 걸지 말고. 눈을 그만큼 예쁘게 낳아 줬으면 됐지, 쌍꺼풀에 왜 욕심을 내?"

"엄마!"

미달은 얼굴이 빨개졌다. 정말이지 창피해 죽을 것 같았다. 드라마에 나오는 가족 같은 친구 앞에서 이렇게 한심한 가족 꼴을 보여 주다니!

미달이 집에 돌아와 보니 검은 양복을 입은 변호사 아저씨가 대문 앞을 기웃거리고 있었다. 엄마가 변호사를 알아보고 반갑

게 맞았다.

"중간 점검 나왔습니다. 완두콩은 잘 자라고 있겠지요?"

"당연하죠. 온갖 종류의 완두콩이 잘 자라고 있어요."

미달의 엄마는 단 한 번도 관심을 갖지 않았던 완두콩 텃밭을 변호사에게 보여 주었다. 비닐하우스마다 탐스러운 완두콩이 주렁주렁 열려 있고, 콩깍지가 산더미처럼 쌓여 있었다.

"여름이 되면 밖에서도 키울 거예요. 아직은 좀 쌀쌀해서 비닐하우스 안에 키우고 있죠."

"네, 좋네요. 중간 점검은 합격입니다. 가을 쯤 다시 오지요."

변호사 아저씨는 서류에 뭔가를 쓰고는 나가려고 했다. 그런데 엄마가 변호사 아저씨를 옆 마당 쪽으로 안내했다.

"여기도 좀 보세요. 곧 고모가 이곳에 살았던 때처럼 멋진 정원으로 꾸미려고요."

미달은 깜짝 놀랐다. 잡초만 우거졌던 황폐한 담벼락 밑이 어느새 화단으로 변해 있었다. 엉망으로 엉클어졌던 장미 가시 넝쿨은 깔끔하게 손질되어 담벼락을 둘러쌌고, 아주 작은 꽃망울이 빨간 물방울처럼 맺혀 있었다.

"와! 멋지네요. 공주옥 씨가 왜 금장미 씨에게 이 집을 물려주려 했는지 알겠습니다. 금장미 씨라면 이 집을 비밀의 화원처럼 예쁘게 가꿀 거라 생각했나 봅니다."

변호사 아저씨는 감탄을 하며 돌아갔다.

변호사의 검은 양복이 골목 끝으로 사라지자 미달은 멘델 아저씨에게 냉큼 물었다.

"멘델 아저씨가 한 거죠? 장미 화단?"

"아니. 난 완두콩에 정신 파느라 화단을 만든 줄도 몰랐다."

"그럼 누가……?"

미달은 엄마를 한 번 쳐다보고는 고개를 저었다.

"설마. 말도 안 돼!"

"안 되긴 뭐가 안 되니? 내 이름이 금장미다, 금장미! 꽃집 사장 경력이 8개월이고! 녹색 완두콩과 빨간색 장미가 어우러져야 진짜 고모 집이지."

엄마는 콧방귀를 흥 뀌면서 집 안으로 들어가 버렸다. 미달은 엄마를 다시 보았다. 사실 엄마가 공짜로 집만 날름 차지하려는 줄 알고 조금 염치없다고 생각했는데 엄마 나름대로 노력하고 있었다니!

"알고 보니까 우리 엄마, 좀 괜찮네요. 그죠?"

"그럼, 그럼. 땅도 공짜로 빌려주고 방도 공짜로 빌려줄 때부터 나는 알아봤지. 앞으로 엄마와 함께 완두콩도 잘 키우고 화단도 예쁘게 가꾸렴."

멘델 아저씨는 곧 떠날 사람처럼 당부를 했다. 미달이 놀라서 물었다.

"아저씨는요?"

"나는 오스트리아로 돌아갈 생각이야. 너와 네 친구들 덕분에 완두콩 연구는 잘 끝났단다. 그동안 고마웠다, 미달아. 완두콩 많이 먹고 더 건강해지렴!"

며칠 뒤 아침에 일어나 보니 멘델 아저씨는 떠나고 없었다. 느닷없이 나타난 그날처럼 갑자기 사라졌다. 막 꽃을 피운 완두콩 텃밭의 문은 앞뒤로 활짝 열려 있었고, 장미 넝쿨 밑에는 꿀벌 상자가 놓여 있었다. 아저씨의 이별 선물이었다.

일 년 뒤에도 미달은 엄마가 물려받은 완두콩 집에서 살았다. 변호사 아저씨가 더는 검사하러 오지 않았지만 집에는 일 년 내내 녹색 완두콩과 빨간색 장미가 아름답게 피었고, 종종 친구들이 놀러와 깔깔대고, 덩치 큰 멍멍이 덩치가 컹컹거리며 뛰놀고, 꿀벌들이 웽웽 바쁘게 날아다녔다. 그리고 미달은 여전히 악착같이 돈을 모았다.

"내 눈이 클수록 예뻐져서 고민이야. 쌍꺼풀 수술을 받아야 할지 어떻게 할지 잘 모르겠네. 하지만 미리 대비는 해 놔야지.

언제 불쌍한 개를 만나게 될지 모르잖아."
 미달은 호연 아빠에게 벌꿀을 팔고 받은 만 원짜리를 저금통에 고이 접어 넣으며 중얼거렸다.

유전 법칙을 발견한
멘델은 어떤 사람일까?

연세대학교 학부대학 교수 **장수철**

1. 뚝심과 지혜를 갖춘 연구가, 멘델의 생애

 과학을 좋아한 멘델

멘델(Gregor Johann Mendel)은 1822년 당시 오스트리아에 속하는 하인첸도르프에서 1남 4녀 중 넷째로 태어났습니다. 멘델의 아버지는 군대에 있으면서 다른 지방의 농사법을 배우고 새집을 직접 지어 살았는데 멘델은 아버지로부터 농사법과 근면한 생활 방식을 배웠습니다. 집안 형편이 넉넉지 않았지만 멘델은 과학에 관심이 많아 재능 있는 아이로 알려져 있었고 인문 고등학교에 입학했습니다. 이 학교에서 멘델은 수학과 물리학에서 두각을 나타내 선생님들의 추천을 받아 성 토마스 수도원에 들어가게 됩니다. 이 과정에서 멘델은 자신이 과학 연구를 매우 좋아한다는 것을 알게 되었고 가족들은 어려움 속에서도 멘델을 돕기 위해 노력을 다했습니다. 멘델은 이때 가족으로부터 받았던 도움을 잊지 않고 수도원장이 된 후 자신을 도와준 누이의 세 아들들, 즉 조카들이 대학교에 진학하는 것을 도와줍니다.

멘델은 수도원에서 수도사로서 신학과 과학을 공부하고 가까운 중학교에서 자연과학 대리 교사로서 학생을 가르치게 됩니다. 수도원장은 멘델에게 교사 자격증이 필요하다고 생각하여 빈 대학교에서 공부할 것을 권했습니다. 멘델은 빈 대학교에서 물리학과 식물학을 공부했는데 물리학은 도플러(Christian Doppler) 교수로부터 배웠습니다. 도플러 교수는 트럼펫 연주자를 기차에 태운 뒤 기차가 역으로 들어오고 나갈 때 한 음을 연주하게 했습니다. 이 실험을 통해 기차역에 있는 사람에게 '기차가 다가올 때 음이 높아지고 기차가 멀어지면 음이 낮아진다.'는 것을 경험하게 했습니다. 이렇게 음 높이(또는 빛의 파장)가 변한다는 것이 도플러 효과입니다. 멘델은 물리학을 공부하며 수많은 자연 현상에는 법칙이 있고 아무리 복잡한 자연 현상이라도 작은 입자로 나누어 보면 쉽게 그 법칙을 알 수 있다고 생각하게 되었습니다. 그래서 멘델은 완두의 유전 현상을 한꺼번에 관찰하지 않고 꽃의 색, 열매 모양 등 한 가지씩 따로 관찰했습니다. 또 완두콩의 유전 현상을 나타내게 하는 입자가 있을 것이라고 생각했습니다.

또한 멘델은 실험을 잘 계획하면 자연 법칙을 알게 되는 데 여러모로 유리하다고 배웠고 실제로 완두콩을 사용한 8년 동안의 실험을 미리 계획했습니다. 이외에도 멘델은 확률과 통계를 사용해 실험 결과를 정리할 수 있다는 것을 배웠습니다. 그래서 수많은 실험의 결과가 어떤 법칙으로 설명될 수 있는지를 찾아내는 데 커다란 도움을 받았습니다. 멘델은 운거(Franz Unger) 교수로부터 식물학을 배우면서 식물에 매우 많은 변이가 있다는 것을 알게 되었습니다. 더불어 식물의 수정에 대한 많은 연구 결과를 공부했습니다. 그리고 나서 교사 자격증을 얻기 위한 시험을 보는데 식물 수정에 대한 생각이 시험 감독관과 달라서 시험에는 낙방했습니다.

 수도사의 신분으로 유전학 실험에 몰두하다

멘델은 수도원으로 돌아와서 유전학 실험에 열중하게 됩니다. 그 이유는 여러 가지가 있었습니다. 당시 오스트리아는 완두콩을 비롯한 다양한 식물, 과실수, 벌, 면양 등을 어떻게 잘 키울 것인가를 두고 많은 사람들이 연구를 했습니다. 그리고 농사법이 더 발전하려면 유전학의 원리를 알아야 한다는 점에 많은 학자들이 공감을 하게 됩니다. 이런 분위기가 멘델이 유전학 실험에 열중하게 되는 첫 번째 이유입니다.

두 번째로는 당시의 유전에 대한 옳지 않은 생각들이 유행했다는 점입니다. 예를 들면, 아버지의 정자 유전자가 자손에게 전달될 때 이미 아버지의 정자 안에 자손이 만들어져 있다는 주장입니다. 어머니는 그저 뱃속에서 아버지의 정자를 키우는 역할만 하면 된다는 생각입니다. 그런데 태어난 아이들은 어머니와도 비슷하기 때문에 이 설명은 틀린 것입니다. 또 하나는 아버지와 어머니의 유전적 특징이

섞여서 그 중간이 자손에게 나타난다는 것입니다. 마치 파란 색과 노란 색 물감이 섞이면 두 가지 색의 중간인 녹색이 생기듯이 유전이 일어난다는 것입니다. 멘델은 앞의 생각도 틀렸지만 이 생각도 틀렸다고 생각하고 그 근거를 찾아내려 했습니다. 그래서 멘델은 당시의 여러 주장 속에서 자신이 올바른 유전 법칙을 찾아내겠다고 다짐을 했습니다.

멘델이 있던 수도원은 멘델의 연구 활동을 도와주었습니다. 성 토마스 수도원의 나프(Cyril Napp) 수도원장은 수도원 내에 종묘원을 건립하여 포도나무를 비롯한 여러 과실수를 키우기 위해 노력을 기울였습니다. 그 결과 과실수를 재배하는 방법과 좋은 품종을 만드는 법에 대한 많은 지식을 쌓을 수 있었습니다. 이 수도원장은 작물학회와 농학회에서도 열심히 활동을 하며 식물 재배에 대한 관심을 크게 나타냈습니다. 나중에 멘델이 이 수도원에서 완두콩을 키워 연구와 실험에 전념하는 것도 바로 나프 수도원장의 격려 덕분이었습니다.

마침 멘델이 거주하는 수도원 근처에는 완두 농사법이 아주 잘 발달되어 있어서 멘델은 농부들로부터 완두 농사법을 배웠습니다. 게다가 멘델도 타고난 정원사였습니다. 식물을 키우고 수확해서 씨를 얻어 그 숫자를 세고 서로 다른 유전 형질을 분리하는 데에 뛰어난 재능을 갖고 있었습니다. 뿐만 아니라 멘델은 일련의 실험을 통해 자신의 생각을 검증하는 데에 뛰어난 능력을 발휘할 수 있었습니다. 그래서 멘델은 유전의 본질을 알기 위한 도전을 시작했습니다. 그런 멘델에게 수도원 정원에 있는 길이 30미터, 폭 6미터 남짓의 텃밭은 너무도 크고 중요한 실험장이었습니다.

 과학적 방법의 모범이 되다

멘델은 완두를 사용한 유전학 실험을 수행하면서 수많은 과학적 방법의 모범을 보여주게 됩니다. 사실 완두를 선택한 것 자체가 모범이라 할 수 있습니다. 완두는 태어나서 자손을 만들 때까지의 시간이 짧고 한 번 수정을 해서 얻는 자손의 수가 많습니다. 그래서 비교적 짧은 시간 내에 여러 세대를 살펴볼 수 있고 통계 자료를 만들 수 있는 이점이 있습니다. 이러한 점에서 유전학 실험을 하고 그 결과를 정리하는 데에 유리합니다. 그리고 완두콩의 다양한 변종이 있어서 유전 현상들을 비교하여 살펴보는 데에 큰 도움이 됩니다.

멘델은 완두 꽃의 색이 보라색 또는 흰색임을 관찰을 통해 알게 되었습니다. 뿐만 아니라 완두 씨의 색이 노란색 또는 녹색, 완두 씨의 모양이 둥글거나 쭈글쭈글함, 콩깍지의 모양이 부풀거나 수축됨, 콩깍지의 색이 녹색이거나 노란색, 꽃의 위치가 중간이거나 끝, 키가 크거나 작음 등 각각의 유전 현상마다 서로 대립되는 두 가지의 특징들이 있다는 것을 잘 활용했습니다. 멘델은 이렇게 두 가지의 특징이 어떻게 자손에게 전달되는지 보고 싶었습니다. 그래서 꽃의 색의 경우, 보라색 꽃과 흰색 꽃을 가진 식물의 자손은 어떤 색의 꽃을 가질지를 살펴보기로 했습니다.

  이와 같이 자손의 꽃 색을 보기 위해서는 보라색 꽃과 흰색 꽃을 교배시켜야 합니다. 즉 한 쪽의 꽃가루를 다른 쪽의 암술에 묻혀 줘야 합니다. 그런데 완두는 꽃 하나에 꽃가루를 만드는 수술과 암술이 함께 있습니다. 그래서 보라색 유전 물질이 있는 꽃가루가 같은 꽃의 암술에 결합할 수 있습니다. 멘델은 보라색 꽃과 흰색 꽃을 교배시키기 전에 성숙하기 전의 보라색 꽃의 수술을 제거했습니다. 그리고 역시 성숙하기 전의 흰색 꽃 암술을 제거하고 수술에서 만든 꽃가루를 붓에 묻혀 수술이 없는 보라색 꽃의 암술머리로 옮겼습니다. 이렇게 함으로써 정확하게 흰색 꽃과 보라 꽃의 교배에 의한 자손을 얻을 수가 있었습니다. 멘델이 수행한 이 실험 방법은 아직도 식물의 유전을 연구하는 대부분의 과학자들이 사용하는 방법입니다. 멘델은 그야말로 유전학 실험의 최고의 선구자라 할 수 있습니다.

  멘델은 부모 세대를 교배시켜 자손 세대를 얻

으면 자손 세대의 특징을 잘 관찰해 정리했습니다. 그런데 멘델은 여기서 그치지 않고 이 자손 세대들끼리의 교배를 시도해서 두 번째 자손 세대들의 특징을 기록했습니다. 그래서 자손 1대는 물론 자손 2대까지 관찰을 시도한 것입니다. 뿐만 아니라 멘델은 자손 3대까지도 많이 관찰했고 자손 4대, 자손 5대까지 관찰하기도 했습니다. 이러한 유전학 실험 방식도 현재의 유전학자들이 그대로 따라하는 방식입니다.

보라색 순종 꽃과 흰색 순종 꽃을 교배해서 얻은 자손 1대를 살펴보면 모두 보라색 꽃입니다. 즉, 보라색 유전 입자(멘델은 유전자를 유전을 담당하는 입자라고 생각했습니다.)와 흰색 유전 입자를 모두 물려받은 보라색 잡종 자손인 것이죠. 멘델은 이렇게 순종과 잡종이라는 개념을 사용했는데 꽃의 색을 담당하는 유전 입자가 두 개라고 생각했습니다. 그래서 보라색 유전 입자를 두 개 갖고 있으면 순종, 하나만 갖고 있으면 잡종이라고 이름을 붙인 것입니다. 그리고 자손 1대에서 보라색과 흰색 유전 입자가 같이 있는데 흰색 꽃은 나타

나지 않고 보라색 꽃이 나타나므로 보라색 유전 입자가 우성이고 나타나지 않는 흰색 유전 입자는 열성이라고 생각했습니다. 멘델은 이렇게 순종과 잡종, 우성과 열성이라는 개념을 최초로 만들게 되었습니다.

 멘델이 발견한 유전 법칙

보라색 꽃과 흰색 꽃을 교배하는 실험의 결과는 또 다른 중요한 의미가 있습니다. 부모 세대에서 보라색과 흰색이 섞이면 자손의 꽃이 연보라색이 아니라는 점입니다. 그러니까 물감이 섞여 중간 색깔이 나오듯이 유전이 일어나지 않는다는 것입니다. 멘델은 당시의 유전에 대한 설명이 틀렸음을 증명한 셈입니다. 멘델은 대신 보라색과 흰색 유전을 각각 담당하는 입자들이 있다고 생각했습니다. 이 생각은 자손 1대에서 흰색 자손이 나타나지 않은 이유와 관계가 있습니다. 멘델은 자손 1대에서 흰색 유전 입자가 없어지지 않았을 것이라고 가정했습니다. 그래서 자손 1대 잡종 완두끼리 교배시키면 자손 2대에서 흰색 유전 입자를 두 개 가진 자손이 생겨 흰색 꽃을 가진 자손 완두가 나타날 것이라고 생각했습니다. 그리고 그 생각은 옳은 것으로 증명되었습니다.

멘델은 교배시킨 자손들로부터 얻은 결과들을 숫자로 정리했습니다. 그 당시에 다른 유전학자들은 이런 식으로 정리하지 않았습니다.

예를 들면, 자손 1대의 잡종인 보라색 꽃끼리 교배를 해서 얻은 자손 2대의 꽃 색을 설명한다고 하면 "보라색이 많다."라고 설명할 뿐이었습니다. 그러나 멘델은 이 자손 2대에서 보라색 꽃과 흰색 꽃이 각각 705와 224그루가 나타난다고 기록했습니다. 이는 3.15:1로 대략 3:1에 해당합니다. 이런 식의 결과는 씨의 색, 씨의 모양, 콩깍지 모양, 콩깍지 색, 꽃 위치, 키 등 멘델이 관찰한 모든 유전 현상에서 얻을 수 있었습니다. 그리고 멘델은 더 나아가 강낭콩, 자라난화, 옥수수, 분꽃 등을 사용한 실험에서도 비슷한 결과를 얻었습니다.

　멘델은 이렇게 여러 관찰이 비슷한 결과를 나타내는 것을 보고 유전 현상에는 중요한 법칙이 있을 것이라고 결론을 내렸습니다. 그래서 자신의 생각을 정리했습니다. 꽃의 색을 다시 살펴보면, 첫째 꽃의 색은 한 가지가 아니라 두 가지라는 것입니다. 즉, 변이가 있다는 것이죠. 둘째, 자손은 부모 각각으로부터 유전 입자를 하나씩 물려받는다는 것입니다. 셋째, 꽃의 색이라는 유전 현상을 나타내는 유전 입자는 보라색이라는 우성과 흰색이라는 열성이 있다는 것입니다. 넷째, 다른 모든 생물처럼 부모 완두도 두 개의 유전 입자를 갖고 있는데 그중 하나만 분리해서 자손에게 준다는 것입니다. 이것을 분리의 법칙이라 합니다. 이 법칙은 모든 유전 현상에서 살펴볼 수 있습니다. 멘델은 유전에서 가장 중요한 법칙을 발견한 것입니다.

2. 멘델이 과학자들에게 남긴 것

멘델이 이렇게 유전에 대한 중요한 발견을 할 수 있었던 이유는 무엇이었을까요? 멘델이 성과를 얻기까지 결코 '우연'은 없었습니다. 앞에서 살펴본 대로 멘델은 빈 대학교에서 물리, 수학, 식물학 등을 공부해 8년 동안 어떤 실험을 할지 매우 체계적이고 꼼꼼한 계획을 세웠습니다. 멘델은 생각을 게을리 하지 않으면서 영리하게 준비를 했던 것입니다.

두 번째로 멘델은 그야말로 열심히 연구를 했습니다. 1857년에서 1864년 사이에 멘델이 정원에 심어 유전학 연구에 사용한 완두는 개체 2만 8000그루, 꽃 4만 송이, 씨 40만 알 정도로 어마어마했습니다. 이 어마어마한 양의 완두를 대상으로 실험을 하기 위해 씨를 뿌리고 꽃이 피면 교배를 시키고 씨가 맺히면 씨를 담고 있는 꼬투리를 따고 딴 꼬투리를 열어 씨를 얻어 개수를 세는 등의 일을 수없이 반복했습니다. 그러니 콩깍지를 까느라고 그의 엄지는 감각이 없어질 정도였습니다. 그리고 이 많은 실험 재료를 사용했으니 그의 여러 실험 공책은 수천 번의 교배 실험과 관련된 각종 그림, 표, 글, 자료 등으로 가득 찰 수밖에 없었습니다.

앞에서 얘기한 대로 멘델의 과학에 대한 애정은 매우 큽니다. 완두로 실험을 하기 전에 생쥐를 이용해서 유전 실험을 하려고 노력했고, 완두 실험 이후에는 여러 가지의 다른 식물을 이용하여 유전 실험을 하였습니다. 그리고 당시의 유명한 식물학자의 조언을 받아들여 조밥나물을 사용해서 역시 유전 실험을 했습니다. 멘델은 수도원장이 된 뒤에도 배의 새로운 변종을 만들어 품평회에서 상을 받기도 했고 주변에 있는 벌들을 이용해 우수하고 활동적인 교잡종을 만들기도 했습니다. 또한 기상 관측 자료를 통계적으로 처리할 필요성을 보여주며 기상 예보가 과학적으로 가능하다는 것을 주장하기도 했습니다. 이렇게 철저한 준비와 엄청난 노력, 과학에 대한 애정으로 멘델은 그 작은 완두콩 텃밭을 그야말로 가장 중요한 유전 법칙의 생산지로 만든 것입니다.

1865년 멘델이 자신의 실험 결과를 발표했을 때 그 자리에 있던 사람들은 멘델이 열심히 연구했다는 사실에 찬사를 보냈습니다. 그러나 멘델의 연구가 얼마나 가치 있는 것인지는 아무도 몰랐습니다. 이후 멘델은 논문을 발표했지만 역시 당시에 유명한 과학자를 포함한 그 누구도 멘델의 연구가 무엇을 의미하는지 알아보지 못했습니다. 그리고 35년이 지난 1900년이 되어서야 휘호 더 프리스(Hugo de Vries), 카를 코렌스(Carl Correns), 에리히 폰 체르마크(Erich Von Tschermak) 등 네덜란드와 독일의 식물 유전학자들에 의해서 그 가치가 세상에 알려지게 되었습니다. 이때는 멘델이 세상을 떠난 지 16년이 지난 해여서 멘델은 살아 있는 동안 자신의 연구에 대한 인정을 받지 못한 셈입니다. 하지만 아마 멘델은 생전에 자신의 연구가 가치 있다고 생각하고 꾸준히 밀고 나간 것에 만족했을 것입니다.

 후에 요한센이라는 과학자는 멘델의 '유전을 담당하는 입자'를 유전자라고 이름 붙였습니다. 그리고 여러 과학자들이 이 유전자는 우리의 염색체 상에 있다는 것을 밝혀내게 됩니다. 더 나아가서 과학자들은 생쥐를 폐렴균으로 감염시키는 실험에서 폐렴균의 변화가 관찰된 결과와 대장균을 바이러스를 사용하여 감염시킨 실험 결과를 통해 유전자가 염색체 속의 DNA에 저장되어 있음을 알게 되었습니다. 우리에게 너무도 유명한 왓슨(James Dewey Watson)과 크릭(Francis Crick)은 DNA가 이중 나선 구조이고 복제가 되어 자손에게 전달된다는 것을 발표하게 됩니다. 현대에 이르러 과학자들은 이 DNA를 우리의 의도대로 조작하여 사람들의 질병을 치료하고 필요한 물질을 만들어 내는 유전 공학을 발전시키게 됩니다.

 이렇게 지금까지 수많은 과학자는 멘델의 도움을 토대로 유전학을 발전시켰습니다. 사실 멘델도 당시에 많은 사람의 도움을 받았습니다. 그래서 멘델의 완두콩 텃밭은 수많은 과학자들의 생각이 만나는 곳이기도 합니다.

과학의 기초를 잡아주는
처음 과학동화 **독후활동지**
멘델 아저씨네 완두콩 텃밭

강승임 이을교육연구소 소장

과학의 기초를 잡아주는 처음 과학동화 **독후활동지**,
과학 학습에 어떤 도움이 될까?

〈처음 과학동화〉 시리즈는 과학 분야를 대표하는 위인들이 등장하여 그들이 연구한 과학적 지식을 재미있게 풀어 나가는 형식으로 꾸며져 있습니다. 동화를 재미있게 읽고 나서 독후활동지를 한 문제 한 문제 풀어 가다 보면 과학 위인들의 대표 이론을 다시 한 번 되새기고 과학적 탐구심을 충족시킬 수 있을 것입니다. 또한 비판적인 글쓰기를 통해 자신의 생각을 올바르게 표현하는 방법도 익힐 수 있습니다.

⟨과학의 기초를 잡아주는 처음 과학동화 독후활동지⟩는
이렇게 구성돼요.

I. 과학 기초 지식 쌓기 동화 내용의 이해

동화 각 장의 소제목이기도 한 그레고어 멘델의 교훈을 점검해 보고, 동화 속에서 그 내용이 어떻게 적용되었는지 적어 보면서 과학 기초 지식을 쌓습니다.

II. 과학 창의력 기르기 이해와 비판

동화를 통해 익힌 과학 지식을 친구들과 토론해 보고 글로 써 보며 생각을 넓히고, 동화 속에서 느낀 점을 자신의 경험과 맞물려 표현하는 능력을 키웁니다.

III. 과학자 연구 – 그레고어 멘델

부록의 내용을 바탕으로 그레고어 멘델의 삶을 이해하고, 그레고어 멘델의 삶에서 오는 교훈이 현대 사회에 어떤 도움이 되는지 적어 보며 논리적 사고를 키웁니다.

학부모 및 교사용 도움말

교과연계	
⟨4학년 2학기 국어⟩ 6. 본받고 싶은 인물을 찾아봐요	인물의 본받을 점을 생각하며 글을 읽을 수 있다.
⟨5학년 1학기 국어⟩ 5. 글쓴이의 주장	생각과 주장에 대한 적절한 근거를 이야기할 수 있다.
⟨4학년 1학기 과학⟩ 3. 식물의 한살이	여러 가지 식물의 한살이를 알 수 있다.
⟨5학년 1학기 과학⟩ 1. 과학자는 어떻게 탐구할까요?	탐구 문제를 정하고 실험을 계획할 수 있다.
⟨6학년 1학기 과학⟩ 4. 식물의 구조와 기능	식물을 이루는 각 기관의 생김새와 하는 일을 알 수 있다.

I. 과학 기초 지식 쌓기 동화 내용의 이해

교과연계
〈5학년 1학기 국어〉
5. 글쓴이의 주장

《멘델 아저씨네 완두콩 텃밭》 본문에는 각 장마다 어린이 여러분께 전하고자 하는 멘델의 교훈을 소제목으로도 적어 두었어요. 동화 내용을 다시 한 번 떠올려 보며 아래 질문들에 답해 보세요. 적는 동안 자연스럽게 어린이 여러분 마음속에도 과학 지식이 차곡차곡 쌓일 거예요.

1. 멘델 아저씨는 부모님을 닮지 않았다는 미달이에게 유전에 대해서 말해 줍니다. 유전이란 무엇인가요?

___

2. 멘델 아저씨는 어째서 완두가 유전 법칙을 연구하기에 적합한 식물이라고 했나요? 대립 형질과 관련지어 설명해 보세요.

___

3. 거의 모든 사람의 생김새가 다 다른 이유는 무엇인가요? 그리고 만약 생김새가 똑같다면 둘은 어떤 관계일까요? 57쪽 라인이의 말을 참고하여 설명해 보세요.

4. 유전학에서 '우성'과 '열성'은 각각 어떤 개념인가요?

○ 교과연계 ○
〈5학년 1학기 과학〉
1. 과학자는 어떻게 탐구할까요?

5. 사람들은 보통 순종이 순수한 혈통, 좋은 혈통이라고 생각합니다. 이 생각이 유전학적으로 어떻게 잘못되었는지 지적해 보세요.

_____
_____
_____
_____
_____
_____
_____

6. 유전 법칙 중 분리의 법칙에 대해 설명해 보세요.

_____
_____
_____
_____
_____
_____
_____
_____

7. 유전 법칙 중 독립의 법칙에 대해 설명해 보세요.

II. 과학 창의력 기르기 이해와 비판

> 교과연계
> 〈5학년 1학기 국어〉
> 5. 글쓴이의 주장

앞에서 살펴본 동화 내용을 바탕으로 사고를 확장시켜 볼 거예요. 아래 문제들을 친구들과 함께 토론해 보세요. 나와는 다른 다양한 입장과 해결 방안이 있다는 걸 깨닫게 될 거예요. 또한 동화를 읽고 느낀 점을 자신의 경험과 연결하여 글로 써 보세요. 나를 더 잘 표현할 수 있는 좋은 연습이 될 거예요.

【과학 창의 토론】

1. 순종 강아지를 팔고 사는 문화에 대해 어떻게 생각하나요? 바꿔야 한다고 생각하는지, 그대로 두어도 괜찮다고 생각하는지 토론해 보세요.

___

2. 복제 인간 연구에 대해 어떻게 생각하나요? 이 연구가 필요한지 필요하지 않은지, 도덕적으로 문제가 된다고 생각하는지 아닌지 토론해 보세요.

___

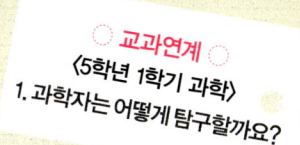

○ 교과연계 ○
〈5학년 1학기 과학〉
1. 과학자는 어떻게 탐구할까요?

【과학 창의 논술】

1. 여러분은 부모님과 얼마나 닮았나요? 다음 각 부분이 어떻게 닮았는지 정리해 보세요. (부모님의 어린 시절 사진과 비교해 보아도 좋아요.)

> 보기 : 눈 - 눈이 가늘고 눈꼬리가 위로 조금 올라간 점이 엄마와 닮음.

① 눈 -
② 눈썹 -
③ 코 -
④ 입 -
⑤ 이마 -
⑥ 머리카락 -
⑦ 귀 -
⑧ 손 -
⑨ 발가락 -
⑩ 기타 -

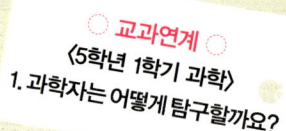

2. 유전학 연구가 인간의 삶에 어떤 도움을 줄지 구체적인 예를 들어 자유롭게 상상해 보세요.

_____
_____
_____
_____
_____
_____
_____
_____
_____
_____
_____
_____
_____
_____

III. 과학자 연구 - 그레고어 멘델

> 교과연계
> 〈5학년 1학기 국어〉
> 5. 글쓴이의 주장

동화를 읽고 '멘델 아저씨는 어떤 분일까?' 하는 궁금증이 생겼나요? 이제 부록에
소개된 멘델 아저씨의 삶과 사상을 복습해 볼 거예요. 부록을 꼼꼼히 읽고 문제를 풀어 보세요.

1. 멘델은 교사 자격증을 얻기 위해 대학교에서 물리학과 식물학을 공부합니다. 이때 물리학 공부를 하면서 자연 현상에 대해 어떤 생각을 갖게 되나요?

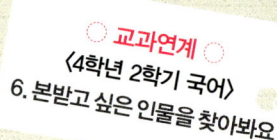

2. 멘델이 수도원에서 완두의 유전을 연구하게 된 배경을 세 가지 써 보세요.

3. 멘델은 어떤 점에서 유전학 실험의 최고 선구자라고 할 수 있나요?

〈4학년 2학기 국어〉
6. 본받고 싶은 인물을 찾아봐요

4. 멘델이 완두의 유전 실험을 통해 유전 현상에는 중요한 법칙이 있을 것이라 결론을 내렸다. 이때 멘델이 정리한 네 가지 생각을 써 보세요.

___

5. 멘델이 유전학 실험을 준비하고 실행하는 태도 및 자세에서 배울 점을 생각해 보세요.

___

학부모 및 교사용 도움말

I. 과학 기초 지식 쌓기 동화 내용의 이해

1. 유전이란 부모의 키나 생김새와 같은 특징이 자식에게 전해지는 현상을 말한다. 이것은 변하지 않는 유전 법칙이다. 그래서 멘델 아저씨는 부모님을 닮지 않았다는 미달이에게 모두 부모의 유전자를 절반씩 물려받기 때문에 미달이도 부모님을 닮은 부분이 많을 거라고 말한다.

2. 완두는 기르기가 쉽고 대립 형질이 뚜렷해서 유전학 연구에 매우 적합하다. 여기서 대립 형질이란 서로 대립 관계에 있는 형질을 말한다. 대립 형질에 관여하는 유전자를 대립 유전자라고 하는데, 완두는 뚜렷한 대립 형질이 일곱 가지나 된다고 한다. 대립 형질을 통해 유전 현상을 분명히 관찰하고 유전이 어떻게 일어나는지 정확히 알 수 있다.

3. 거의 모든 사람들의 생김새가 다 다른 이유를 유전학적으로 말하면, 유전자가 다 다르기 때문이다. 유전자는 지문을 제외한 몸의 모든 부분을 결정한다. 그래서 유전자가 완전히 일치하면 생김새 또한 똑같다. 그래서 일란성 쌍둥이의 모습, 복제 인간과 원래 인간의 모습이 똑같은 것이다. 물론 환경에 의해서 키나 몸무게 등이 조금 달라지기도 하는데, 이 또한 눈으로 보았을 때 거의 차이가 없다.

4. 일반적으로 '우성'이라고 하면 '우월하다', '잘나다'라는 뜻으로 생각되고, '열성'이라고 하면 '열등하다', '못나다'라는 뜻으로 생각된다. 그러나 유전학에서는 우성, 열성의 개념이 각각 잘나고 못나다는 뜻이 아니라, 한 쌍의 대립 형질이 유전될 때 겉으로 나타나는 형질을 우성이라고 하고 나타나지 않은 형질을 열성이라고 한다. 예를 들어 손가락 마디의 털 유전자가 우성이다. 곧 손가락 마디에 털이 나게 하는 유전자와 그렇지 않은 유전자를 동시에 가지고 있을 때 털이 나게 하는 형질이 나타나는 것이다.

5. 유전학에서 순종은 자손이 언제나 부모와 같은 형질을 나타내는 것을 말한다. 이는 우월하거나 더 좋은 특성이 아니다. 유전학적으로 보면 우성이든 열성이든 단지 하나의 특성이기 때문에 순종도 유전적으로 부모와 같은 형질을 가지고 있다는 특성일 뿐이다. 오히려 순종을 추구하여 같은 형질을 가진 사람들끼리 결혼해 아기를 낳게 되면 몸이 허약해지거나 유전병에 걸리기 쉽다. 이는 동물도 마찬가지이다. 다양한 환경에 적응해 살아가려면 여러 가지 형질을 가지고 있는 것이 더 유리하다.

6. 분리의 법칙은 모든 유전 현상에서 나타나는데, 부모 세대에서 자식 세대로 유전될 때 두 개의 유전자 중에서 하나가 분리되어 자손에게 유전된다는 법칙이다. 즉 엄마에게서 한 개, 아빠에게서 한 개가 각각 분리되어 유전되는 것이다. 그래서 우성 순종 완두와 열성 순종 완두를 교배하면 겉으로는 우성인 완두로 나타나지만 유전적으로는 우성 유전자와 열성 유전자가 하나씩 들어 있다. 곧 우성 잡종 완두가 되는 것이다. 이 우성 잡종 완두끼리 교배하면 마침내 열성 유전자만 가지고 있는 열성 완두가 나타나게 되는데, 이때 우성 완두와 열성 완두의 비율이 3:1이 된다.

7. 독립의 법칙이란 각각의 대립 형질들은 서로 묶어서 유전되는 게 아니라 독립적으로, 따로따로 유전된다는 법칙이다. 예를 들어 모양에 관여하는 유전자와 색깔에 관여하는 유전자가 있다면 서로 영향을 주고받음 없이 각각 독립적으로 유전되는 것이다. 그래서 노란색의 둥근 완두와 녹색의 주름진 완두를 교배하면 노란색의 둥근 완두, 노란색의 주름진 완두, 녹색의 둥근 완두, 녹색의 주름진 완두가 골고루 나온다.

II. 과학 창의력 기르기 이해와 비판

【과학 창의 토론】

1. 순종 강아지는 인기가 많다. 사람들은 순종이라고 하면 더 좋은 유전자, 순수한 혈통 등을 떠올리기 때문이다. 그래서 생김새도 이에 맞아야 더 예쁘다고 규정해 놓는다. 이렇게 순종 강아지는 인기가 많은 만큼 비싸게 팔리기 때문에 같은 형제나 친척끼리 인위적으로 교배시키는 일이 많다. 어떤 사회나 집단마다 아름답게 여기는 가치가 다 다르기 때문에 순종 강아지를 더 좋게 여기는 것 자체를 문제시할 수는 없을 것이다. 그러나 여기서 따져 볼 점이 있다. '순종 강아지를 만들기 위해 인위적으로 교배하는 것이 과연 바람직한가?'라는 점이다. 인간의 이기심과 욕심 때문에 이런 문화가 있는 것은 아닌지, 아무리 인간이 키운다지만 인간의 취향에 맞추어 동물의 운명을 결정하는 것이 옳은지 생각해 보아야 한다.

2. 복제 인간은 인간의 유전자를 복제해 유전적으로 완전히 똑같은 인간을 인위적으로 만든 것이다. 복제 인간을 만들려는 가장 큰 이유는 원래 인간의 수단으로 이용하기 위해서이다. 예를 들어 대신 전쟁을 치르게 하거나 힘든 일을 시키거나 원래 인간이 병에 걸렸을 때 이식을 받기 위해서 만드는 것이다. 그런데 복제 인간을 연구하는 과정에서 유전학이 더욱 발달할 수

있고, 유전학이 발달하면 유전자에 대해 더 많은 사실을 알게 되고 관련 기술도 발달하여 유전병 등의 질병 치료에 큰 도움이 될 수 있다. 그러나 한편으로는 복제 과정에서 실패는 필연적이기 때문에 생명 윤리나 인권 문제와 관련하여 비판할 수 있다. 그리고 복제 인간을 수단화하여 사용하는 것도 같은 문제를 유발한다. 복제 인간 연구에 관하여 필요성의 관점과 윤리성의 관점에서 두루 따져 보도록 한다.

【과학 창의 논술】

1. 구체적으로 정리해 보도록 한다. 예를 들어 눈썹이 둥근형인지 일자형인지, 귀는 귓불이 얼굴과 분리되어 늘어져 있는지 붙어 있는지, 이마는 납작한지 튀어나왔는지, 코는 콧볼이나 콧대가 어떤지, 머리카락은 곱슬인지 직모인지, 입은 입술 모양과 크기가 어떤지, 손은 손가락 길이나 손톱 모양이 어떤지, 발가락은 몇 번째 발가락이 크고 긴지 등 부모님 몸의 각 부위와 견주어 보도록 한다.

2. 유전학 연구와 관련하여 복제 인간 연구나 동물 복제 연구 등은 비판을 받지만 이로운 점도 많다. 인간의 유전자 지도를 알게 되면 치명적인 질병들을 미리 예방할 수도 있다. 예를 들어 치매 유전자를 알면 이에 대응하는 것이 더 쉬워지고 나아가 치매를 아예 없앨 수도 있을 것이다. 그리고 희귀한 동식물, 멸종 위기에 처한 동식물을 보호하는 데도 유전학 연구가 도움이 될 수 있다. 유전자 복제를 통해 멸종을 막을 수도 있기 때문이다. 그리고 식량 문제를 해결해 줄 수도 있다. 더 맛 좋고 수확량도 많고 어떤 기후에서도 잘 자라는 작물을 개발할 수도 있기 때문이다. 물론 이런 작물이 인간의 건강에 해로운지 아닌지는 철저히 검증해 보아야 하겠지만 말이다.

III. 과학자 연구 – 그레고어 멘델

1. 멘델은 물리학을 공부하며 수많은 자연 현상에는 법칙이 있고 아무리 복잡한 자연 현상이라도 작은 입자로 나누어 보면 쉽게 그 법칙을 알 수 있다고 생각하게 되었다. 그래서 완두의 유전 현상을 연구할 때도 한꺼번에 관찰하지 않고 꽃의 색, 열매 모양 등 각각 따로 관찰했고 각 현상을 드러내는 입자가 있을 것이라고 생각했다.

2. 멘델이 수도원에서 완두의 유전을 연구하게 된 배경은 세 가지 정도 꼽을 수 있다. 첫째, 당시 식물 재배를 연구하던 학자들 사이에서 유전학에 대한 관심이 점점 커지고 있어서 멘델도 자연스럽게 관심을 갖게 되었다. 둘째, 유전학에 대한 관심은 높았으나 엉뚱한 지식이 유행해서 멘델은 이를 바로잡고 올바른 유전 법칙을 찾고자 했다. 셋째, 멘델이 있던 수도원에서 식물 재배에 관심이 많아 멘델에게 많은 지원을 해 주었다.

3. 멘델이 수행한 실험 방법이 과학 연구, 특히 유전학 연구의 모범을 보여 주었기 때문이다. 연구 대상을 완두로 정해 짧은 시간 안에 결과를 알 수 있도록 한 것, 결과를 정리할 때 객관적인 수치로 정확하게 정리한 것, 정확한 결과를 위해 실험 조건을 통제한 것(보라색 꽃과 흰색 꽃의 교배를 위해 보라색 꽃의 수술을 제거하고 흰색 꽃의 암술을 제거하였다.), 그리고 여러 세대를 관찰한 것 등이 연구의 타당성과 객관성을 높여 더욱 정확한 유전 법칙을 발견할 수 있었다.

4. 멘델은 완두의 유전 실험을 통해 다음의 네 가지 유전 법칙을 발견했다. 첫째, 꽃의 색은 한 가지가 아니라 두 가지라는 것. 둘째, 자손은 부모 각각으로부터 유전 입자를 하나씩 물려받는다는 것. 셋째, 꽃의 색이라는 유전 현상을 나타내는 유전 입자는 보라색이라는 우성과 흰색이라는 열성이 있다는 것. 넷째, 다른 모든 생물처럼 부모 완두도 두 개의 유전 입자를 갖고 있는데 그중 하나만 분리해서 자손에게 준다는 것이다.

5. 멘델은 유전학 실험을 할 때 임기응변식으로 그때그때 상황에 맞춰 즉흥적으로 실험한 것이 아니라 아주 체계적이고 꼼꼼한 계획을 세우고 이를 성실히 수행했다. 그리고 정확하고 객관적인 결과를 얻기 위해 연구 대상의 수도 매우 많게 했다. 무엇보다 자신의 연구에 대한 열정과 애정이 대단했다. 한 분야에 진정으로 몰두하고 헌신하여 그 분야를 발달시킨 점이 훌륭하다. 꿈을 이루기 위해서는 멘델의 이 같은 태도와 자세를 배워야 할 것이다.

과학의 기초를 잡아주는 처음 과학동화 ⓭
멘델 아저씨네 완두콩 텃밭

1판 1쇄 발행 | 2019. 7. 29.
1판 2쇄 발행 | 2020. 6. 29.

정재은 글 | 이주희 그림 | 장수철 도움글

발행처 김영사
발행인 고세규
편집 김효성 디자인 홍윤정
등록번호 제 406-2003-036호
등록일자 1979. 5. 17.
주　 소 경기도 파주시 문발로 197(우10881)
전　 화 마케팅부 031-955-3102 편집부 031-955-3113~20
팩　 스 031-955-3111

ⓒ 2019 정재은, 이주희
이 책의 저작권은 저자에게 있습니다. 저자와 출판사의 허락 없이 내용의 일부를 인용하거나
발췌하는 것을 금합니다.

값은 표지에 있습니다.
ISBN 978-89-349-9689-7
ISBN 978-89-349-7119-1(세트)

좋은 독자가 좋은 책을 만듭니다. 김영사는 독자 여러분의 의견에 항상 귀 기울이고 있습니다.
전자우편 book@gimmyoung.com | 홈페이지 www.gimmyoungjr.com

이 도서의 국립중앙도서관 출판시도서목록(CIP)은 서지정보유통지원시스템 홈페이지(http://seoji.nl.go.kr)와
국가자료공동목록시스템(http://www.nl.go.kr/kolisnet)에서 이용하실 수 있습니다. (CIP제어번호 : CIP2019026375)

어린이제품 안전특별법에 의한 표시사항
제품명 도서　제조년월일 2020년 6월 29일　제조사명 김영사　주소 10881 경기도 파주시 문발로 197
전화번호 031-955-3100　제조국명 대한민국　⚠주의 책 모서리에 찍히거나 책장에 베이지 않게 조심하세요.